Eleonore Dehnerdt
Katharina
die starke Frau an Luthers Seite

Eleonore Dehnerdt

Katharina

die starke Frau an Luthers Seite

BRUNNEN
Verlag GmbH · Giessen

Frühere Auflagen erschienen unter dem Titel
Kloster, Pest und Krippenspiel.
Das Leben der Katharina von Bora

© 2015 Brunnen Verlag Gießen
www.brunnen-verlag.de
Umschlaggestaltung: Andreas Stüber – www.byroamteich.net
Satz: DTP Brunnen
Herstellung: CPI – Ebner & Spiegel, Ulm
ISBN 978-3-7655-4274-9

Inhalt

Spurensuche

1999

Heute ist der 29. Januar 1999. Eine kleine silberne Sichel
steht am Himmel. Es wäre längst Zeit gewesen, mein Bett
im kleinen Gasthof aufzusuchen.

Wie kommt es, dass ich nicht müde bin? Es ist, als
ob mich der volle Mond riefe. Dabei ist er doch noch
so klein. Gerade einmal zwei Tage alt. Dieser kann nur
flüstern und sagen: Warte, alles hat Zeit, du wirst noch
früh genug erfahren ...

Ach, was erfuhr ich denn schon von dem Mädchen,
das vor genau fünfhundert Jahren in Lippendorf geboren wurde? Sie war noch nicht einmal abgestillt, als ihre
Mutter starb und sie mit zwei Brüdern zurückließ. Mit
sechs Jahren wurde sie von ihrem Vater in die Klosterschule nach Brehna gebracht.

Das müssen ja grausame Eltern sein, dachte ich, die
ihre Kinder so früh aus dem Haus geben. Umso mehr
überraschte es mich zu lesen, dass dies früher üblich war.
Die Eltern liebten ihre Kinder, doch ab dem siebten Le-
bensjahr mussten sie selbstständig sein und für sich sorgen können. Die Kinder machten sich nützlich und die
Eltern dachten darüber nach, welches Handwerk die Jungen mit zwölf oder vierzehn Jahren ausüben sollten und
wie die Mädchen dann zu verheiraten seien. Die einzige
Alternative zur Ehe war für Mädchen das ehrbare Klos-

terleben. Gerade der verarmte Adel schickte die Töchter gerne in die Klöster, denn es war eine große Ehre, der Kirche zu dienen. Auch Katharinas Vater, der aus einem angesehenen Rittergeschlecht stammte, war verarmt und vertraute deshalb seine Tochter den Nonnen an.

So trafen sich auch im Zisterzienserkloster Marienthron in Nimbsch leibliche Schwestern, Cousinen und Tanten ... Alle kamen aus dem Adel, dem kurfürstlichen und herzoglichen Sachsen. Die Mädchen erhielten eine vorzügliche Bildung, allerdings für den Preis, ihre Familien zu verlieren. Sie hatten auch keinerlei Anspruch, ein Erbe anzutreten oder eine gute Heirat zu machen.

Ich höre mich in die Zeit hinein und wundere mich, dass ich vieles nicht verstehe. Warum tragen so oft Eltern, Kinder und deren Tanten und Onkel alle den gleichen Namen? Wie könnte ich den Lesern zumuten, dass sich drei Frauen unterhalten, die alle Margarete heißen, oder dass vier Männer mit Namen Hans am Tisch sitzen? Jeder aufgeklärte Mensch würde sagen: Wo bleibt das Individuum?

Wirklich aufgeklärt bin ich aber erst, seit ich weiß, wie hoch die Todesrate bei Eltern und Kindern zu jener Zeit war. Daher war es wichtig, den ersten Jungen nach dem Vater, die erste Tochter nach der Mutter zu nennen. Ebenso wurden die Kinder nach ihren Taufpaten – meist Tante und Onkel – benannt. Taufpaten waren nicht nur für das geistige Wohl, sondern im Todesfall der Eltern für die Ernährung und Erziehung zuständig.

Der bekannte Maler Albrecht Dürer beispielsweise, der auch zur Zeit Katharinas und Martin Luthers lebte, hatte siebzehn Geschwister, von denen nur drei Brüder das Jugendalter überlebten. Einer davon trug zum vierten Mal den Namen des Vaters, weil drei Namensbrüder vor ihm starben.

Welche Zeit war das damals? Sie ist uns fremd und geht uns doch nahe. Die Menschen dieser Epoche bereiteten uns mit ihrem gütigen Glauben und ihrem mutigen Handeln den Weg.

Katharina von Bora, geboren vor fünfhundert Jahren, hat Pestepidemien erlebt, aber sie hat auch als eine der Ersten die Alternative zum Richtergott kennengelernt. Sie hat erlebt, wie Gottes Liebe sich im Alltag zeigt, und musste sich eines Tages nicht mehr durch lateinische Gesänge in aller Frühe und durch schmerzliche Bußübungen des Erbarmens Gottes versichern.

Viele Mönche legten vor ihr die Kutte ab. Allen voran ging Martin Luther, der öffentlich die Missstände der damaligen katholischen Kirche anprangerte. Er war kein Philosoph, kein Organisator, aber gerade deshalb wurde sein Leben zur lebendigen Botschaft.

Katharina hat diese Botschaft und das Bett mit ihm geteilt. Sie gehörten zu den Ersten, die auf fast alle Sakramente verzichteten und doch Gottes Willen so ernst nahmen wie die Heiligen zuvor. Sie war die erste Pfarrfrau. Eine Lutherin.

Dieser Frau bin ich auf der Spur. Sie wird gern strenger dargestellt, als sie war, weil sie es verstand zu wirtschaften, zu befehlen und guten Gewissens ihren Mann auch manchmal erst gar nicht zu fragen.

Ich weiß noch zu wenig von dieser Frau. Deshalb werde ich Katharina von Bora auch in dieser Nacht auf der Spur bleiben. Ich will zum ehemaligen Zisterzienserkloster nach Nimbsch gehen und mir die Landschaft und die Reste des Klosters Marienthron anschauen. Natürlich nur von Weitem, denn im Dunkeln soll keine Frau in alten Gemäuern herumlaufen. Ich werde also das Kloster von außen betrachten, in dem Katharina vierzehn Jahre lang als Nonne hinter Mauern lebte, bis sie als Vierundzwanzigjährige daraus floh. Heute Nacht werde ich allein darauf lauschen, was mir der Wind aus der Zeit erzählt. Ich mache mich auf, gehe immer näher und sehe schon von Weitem die Mauerreste.

Von einem Hügel aus betrachte ich die stille Landschaft. Aber von einer Minute zur andern weht ein kräftiger Wind und zerrt an meiner Jacke. Ich traue meinen Augen nicht: Um die Ruinen wachsen Gärten, rechts ein Eichenhain und zur Linken entwickelt sich ein noch kahler Buchenwald. Darüber steht ein voller Mond.

Ein voller Mond? Das kann nicht sein! Ich schaue wieder zu der Stelle, wo das Kloster lag, doch ich sehe keine Ruine mehr. Die Mauern stehen dicht und ich erkenne im Mondschein die Umrisse des Klosters, wie es einst war. Und dann höre ich deutlich Stimmen …

Die Nacht der Frauen

April 1523

Das eiserne Tor zum Obstbaumgarten öffnete sich langsam. Eine, nein zwei Frauen huschten heraus und drängten sich in den Schatten der Mauer. Sie machten nur den Anfang, denn das Tor wurde noch mehrmals zögernd geöffnet. Eine Gestalt nach der andern löste sich aus dem Schutz des Mauerwerkes und rannte hinter eine Böschung. Von dort ging es nach kurzem Halt einen Hügel hinunter, der zu einem Hohlweg führte. Dort sammelten sie sich und wagten es, miteinander zu flüstern.

Jede hatte die Strecke allein zurückgelegt. Sie kannten den Plan, die Stunde, und wussten, dass sie das Nordtor zu wählen hatten. Aber dass diese Tür wirklich offen war, konnten sie noch nicht begreifen. So hatte also die Gärtnermeisterin ihre Hände mit im Spiel? Sie trug Sorge für die Schlüssel.

„Sind alle da?" Magdalena von Staupitz fragte leise und hielt die anderen Nonnen an. Sie waren noch nicht weit genug vom Zisterzienserkloster entfernt, um sich ohne Schutz zu sammeln. Deshalb zog sie zwei der Frauen an ihren Ärmeln hinter eine Weißdornhecke. Die anderen folgten.

„Margarete und Ave von Schönfeld? Ave Gosse? Veronika und Margarete von Zeschau?" Katharina lauschte der Stimme, die eine Schwester nach der anderen aufrief, und diese antworteten: „Ja."

Als sie selbst aufgerufen wurde – „Katharina von Bora?" –, sagte sie: „Ja, ich bin hier." Sie genoss es, mit ihrem vollen Namen angesprochen zu werden. Sie war am Leben, auch außerhalb der Mauern! „Wo ist Magdalena von Bora?", fragte Magdalena von Staupitz weiter.

„Meine Tante hat nicht die Kraft, um heute mit uns zu fliehen. Die Fastenzeit hat sie zu sehr geschwächt und sie wurde vom Fieber der Kranken, die sie pflegte, angesteckt. Aber", so berichtete Katharina weiter, „ich soll Euch ausrichten, dass es nicht der Teufel sei, der sie zurückhielte, sondern ihr schwacher Körper." Sie erinnerte sich noch voll Freude an die Worte, die ihre Tante für sie anschloss: „Ich komme nach, Katharina, und dann werde ich außerhalb der Mauern deine Tante Lene sein."

Gut zwanzig Minuten Fußweg entfernt stand ein Pferdefuhrwerk am Waldrand verborgen. Die zwei Braunen waren unruhig und so sprach der Ratsherr und Lutherfreund Leonard Koppe aus Torgau beruhigend auf sie ein. Koppe war es gewohnt, ein Fuhrwerk zu lenken, denn er beförderte täglich Handelsware in die umliegenden Städte, Burgen und Klöster. Auch wenn es eine ungewöhnliche Zeit war, um unterwegs zu sein – das Pferdegespann war bekannt. Koppe hatte sich eine Handvoll Ausreden zurechtgelegt, falls sie angehalten würden. Außerdem würde niemand in den Säcken und Heringsfässern unter der Plane Nonnen vermuten, die er im Namen seines Freundes und um des neuen Evangeliums willen entführte.

Sein jüngerer Helfer war aber doch nervös: „Es sind

keine Heringe in den Fässern. Wenn sie uns erwischen, hängen wir mit den schönen Nonnen. Wir haben uns auf ein schlechtes Geschäft eingelassen!"

„Gewiss steht auf die Entführung der Nonnen die Todesstrafe. Aber Gott selbst wird uns schützen!" Und frohgemut setzte Koppe, jede Silbe betonend, hinzu: „Heute werde ich die wertvollste Fracht befördern: das lebendige deutsche Wort Gottes." Und wie an einen furchtlosen Mann gewandt, sprach er zu Wolf Domnitsch weiter: „Heute ist die Nacht zum Ostermorgen hin. Heute ist die Nacht der Frauen. Und wir sind einzig im Namen von Doktor Martinus da, um die Bräute Gottes zu holen, damit sie teilhaben am wahren Christenleben. Sie werden nicht die Bräuche pflegen, sondern nach Gottes Wort handeln." Koppe verstand es, seinen Gefährten an ihren heutigen Auftrag zu erinnern. Ja, er freute sich über die kommende „Handelsware".

Wolf Domnitsch hob seinen rechten Arm, um anzudeuten, dass Koppe schweigen solle. Und dann hörte er es auch: Ab und zu knackten Zweige, leises Gemurmel wurde immer deutlicher und zwischendurch vernahmen sie lateinische Gebetsfetzen.

„Bei allen Heiligen, so einen Lärm veranstaltet keine Herde Säue!" Wolf schüttelte den Kopf.

Koppe machte sich bereit. Er zündete eine Laterne an, damit die Nonnen für die lange Fahrt auf dem Wagen einen Platz finden konnten.

Die Frauen kamen langsam näher und drängten sich dann abseits zusammen, da sie nicht wissen konnten, ob es das richtige Gefährt war. Doch als Wolf ihnen entgegenging und sich als ihr Helfer zu erkennen gab, löste sich Magdalena von Staupitz aus der Gruppe. Sie war die Älteste und Anführerin. Sie sprach mit Wolf und redete beruhigend auf die Frauen ein.

Wolf half einer nach der andern auf den Wagen. Alle trugen die gleichen schwarzen Umhänge und langen Schleier über weißen Kleidern. Sie waren aufgeregt und hilflos.

Veronika von Zeschau hatte die größte Angst. Sie ließ sich nicht davon abhalten, in ein leeres Heringsfass zu steigen, damit sie verborgen bliebe. Ihre Schwester tat es ihr nach. Es war gut, dass zwei die unwirtlichen Plätze eingenommen hatten, denn der Platz unter der groben Plane wurde knapp.

Katharina ließ die andern vorangehen. Es wurde eng auf dem Wagen und so wurde beratschlagt, wo sie unterkommen solle.

„Warum nicht dort?" Katharina zeigte auf den Kutschbock.

„Eine Nonne zwischen zwei Männern? Liebe Frau, wollt Ihr uns gleich ins Feuer schicken?" Koppe schüttelte den Kopf. Aber Wolf wollte Katharinas Vorhaben unterstützen. Er hielt eine Pferdedecke bereit und wickelte Katharina hinein, bis gerade noch ihr Gesicht hervorschaute. So war auch Koppe einverstanden und die drei nahmen auf dem Kutschbock Platz.

„Einen schöneren Auferstehungstag kann es nicht geben, als Mädchen und Frauen aus dicken Mauern zu holen. Seid ihr alle bereit zur Fahrt?", fragte Koppe, ehe er leise schnalzend den Pferden das Zeichen zum Aufbruch gab.

Als sie eine Weile gefahren waren, fragte Wolf die Nonne an seiner Seite: „Warum habt Ihr so lange gewartet und wollt lieber auf dem Kutschbock sitzen?"

Da erzählte Katharina: „Als ich ein Kind war, nahm mich mein Vater immer mit, wenn er eine Reise machen musste. Ich durfte neben ihm sitzen, weil es meiner Mutter gefallen hat, auch selbst zu kutschieren. Außerdem wurde ich auf dem Kutschbock ins Kloster gefahren. Warum sollte ich nicht genauso wieder wegfahren?"

Wolf fühlte ihre zwei ruhigen Mandelaugen auf sich und sah auf ihren Mund, der geschlossen war und doch durch die hochgezogenen Mundwinkel aussah, als ob er lächelte. Und da fiel ihm ein, dass er diese Frau mit „Ihr" angesprochen hatte. Unwillkürlich hatte er die Anrede der Achtung gewählt, dabei mochten sie doch gleichen Alters sein.

Katharina sah die mächtigen Hintern der Kaltblüter vor sich, langsam wurden ihre Seiten nass von Schweiß. Sie wurde hin und her geschaukelt, dabei trugen die knarrenden Räder sie in die Vergangenheit zurück. Sie erinnerte sich an die letzte Fahrt. Ihr Vater hatte sie mit sechs Jahren in die Klosterschule gebracht. Danach hatte sie ihn nie mehr gesehen. Nur die Todesnachricht war ihr ins Kloster geschickt worden. Die Äbtissin hatte sie in den Arm genommen, damit sie sich ausweinen konnte.

Die Decke um ihren Kopf musste gut festgehalten werden und sie war froh, an etwas anderes zu denken. In der Stille des anbrechenden Morgens wurde ihr klar, dass diese beiden Gäule von Gott geschickt waren. Sie trugen sie in die Welt zurück. Ihre Flanken dampften, der

Sabber tropfte von den Nüstern und doch stapften sie unermüdlich über den weichen, schweren Boden. Sie ziehen heute Morgen den Stein von meinem Grab, sie lassen für mich Ostern anbrechen ... danke, dachte Katharina immer wieder. Danke, das hat noch niemand für mich getan ... Danke, mein liebster Herrgott.

Der Nebel hing in den Senken und gab den Blick zum Himmel frei. Am Wegrand tauchten Schafherden auf, zu denen auch kleine Lämmer gehörten. Auf den Feldern war der Dinkel schon eine Handbreit aufgesprossen; dazwischen standen Akeleien und an einigen Stellen wucherten die niedrigen Ackerstiefmütterchen.

Koppe hatte die Zügel Domnitsch überlassen, um sich eine Weile auszuruhen. Doch statt ein kurzes Schläfchen zu halten, schüttelte er immer wieder den Kopf.

„Was ist los, was habt Ihr?", fragte Katharina.

„Meine alte treue Magd, Marthe Schäferin, sollte Kleider für euch besorgen. Sie tat auch erst, wie ihr meine Frau aufgetragen hatte, und es waren genug beieinander. Aber dann ist der Teufel in das Weib gefahren: Am Karfreitag schleppte Marthe die Bündel zum Hochaltar der frommen, treuen Franziskanerbrüder und bat diese, die Lumpen zu verbrennen und ihr die Schuld zu erlassen. Fast hätte sie unseren Plänen ein Ende gesetzt. Wir mussten sie einsperren, damit sie nicht von der Flucht erzählte. Nun müssen wir in aller Eile wieder Kleider besorgen. Ich weiß nicht, ob das meine Frau in so kurzer Zeit erreichen konnte. Deshalb könnt ihr wohl erst in ein, zwei Tagen nach Wittenberg weiterreisen."

Katharina hatte noch gar nicht daran gedacht, dass sie ja alle ihre Kutte ablegen mussten. Aber er hatte recht!

„Meister Koppe, Ihr macht Euch viel Mühe um uns und bringt Euch in große Gefahr. Habt Dank! Ohne Eure Unterstützung wären wir außerhalb der Mauern hilflos gewesen. Mir war nicht bewusst, wie viel Freunde das neue Evangelium hat!"

Dann sah Katharina in der hügeligen Landschaft die auf einem Porphyrfelsen erbaute Stadt Torgau vor sich liegen. Koppe ergriff wieder die Zügel und lenkte das Gespann durch das Tor zur Abendseite. Er achtete darauf, seinen Wagen möglichst unauffällig in die Stadt zu bringen, und war froh, dass sie die Fahrt ohne Zwischenfälle geschafft hatten. So konnten sie noch gemeinsam den Ostermorgengottesdienst besuchen. Dazu wollte er sie geleiten. Noch eine Biegung und dann ging es in ein Gehöft hinein. Es sah aus wie das Warenlager eines Händlers.

„Brrrrr!" Dies war das Zeichen für Tier und Mensch, dass sie ihr Ziel erreicht hatten. Der Wagen hielt. Katharina wickelte sich aus ihrer Decke und sah fröhlich nach den Mitschwestern. Doch diese hatten alle keine bequemen Plätze gehabt und mussten erst ihre steifen Glieder bewegen und den Schmutz aus den Kleidern klopfen. Für Veronika und Margarete wurden die Heringstonnen vorsichtig umgekippt, damit sie herauskriechen konnten.

„Wir haben die Tonnen vorher im Fluss ausgewaschen, aber ein Bett ist daraus nicht geworden", scherzte Wolf, als er den beiden heraushalf.

Als sie vom Wagen stiegen, erschien eine Gestalt nach der andern aus Koppes Haus. Allen voran die Frau des Ratsherrn, die sichtlich erleichtert ihren Mann nach der Fahrt befragte, ein Stallbursche und mehrere Mägde. Schließlich kam noch ein dürrer Mann, auf einem Auge blind, der ihnen den Segen gab. Es war Gabriel Zwilling, Prediger und Anhänger Luthers. Er bot sich an, die Frauen auf Nebenstraßen und durch die Nonnengasse in die St.-Marien-Kirche zu geleiten. In einer Nebenhalle verborgen, könnten sie dort am Gottesdienst teilnehmen.

Frau Koppe warf einen Blick auf die Nonnen. Nach der Fastenzeit und der ungewissen Fahrt wirkten sie alle erschöpft. Die verwirrten Mädchen und Frauen rührten ihr Herz.

„Erst bedürfen sie eines Getränks! Und dann gebt ihnen noch eine Handvoll Zeit." Zu Koppe gewandt fuhr sie fort: „Gewiss könnt Ihr euch in der Nebenhalle verbergen, aber ich glaube nicht, dass es dort jemals so nach Heringen stank." Sie deutete mit der Hand auf Veronika und Margarete von Zeschau. Aber Gabriel Zwilling befand, dass die Nichten des Mitkämpfers Zeschau nicht fehlen dürften.

Katharina trat unterdessen zu den Pferden und legte jedem der Gäule eine Hand ans weiche Maul. „Gott segne euch! Ohne euch wäre das Werk nicht gelungen."

Gabriel Zwilling war ein wortgewaltiger Mann. An diesem Ostermorgen stand er auf der Kanzel, um Jesu Sieg zu verkünden. Er gab sich Mühe, nicht auf den Nebenraum zu zeigen, wo die Nonnen saßen, und zu sagen: Seht den

Sieg Christi! So legte er seine Freude in die Predigt: „Die wahre Kirche ruht im Wort Gottes, wer dieses Wort in sein Herz einlässt und danach handelt, der wird einmal im Himmel sein. Aber nicht nur nach dem Leben sieht er die Herrlichkeit Gottes, nein, täglich sehen wir die Wunder Gottes. Heute am Auferstehungstag des Herrn sind es neun Nonnen, ich meine: neun Wunder." Zwilling merkte sogleich, dass er sich versprochen hatte. Also musste er sich für die Predigt neun Wunder ausdenken.

Er fuhr fort: „Neun Wunder, sagte ich! Zuerst ist der Tod überwunden und damit meine ich den Tod, wie er von Rom verkündet wird. Denn die Bauwerke nützen nichts, die von Ablassgeldern erbaut werden und die zum Himmel aufragen. Die Seele, liebe Leute, hört, lässt sich nur im Blute Jesu und nicht von Geldern reinwaschen. Es nützt auch nichts, Gebete nur so dahinzuplappern und ohne Scham zu meinen, man hätte genug getan. Nein, der Mensch selbst wird neu und verwandelt sich mit Christus, und dann können uns Hölle und Teufel nicht mehr schaden…"

Die neun Nonnen konnten Zwilling zwar nicht sehen, aber sie hörten seine Stimme von jedem Stein der Kirche widerhallen. Die Art zu sprechen war ihnen so neu, wie ihnen der Orient gewesen wäre, wenn sie dahin gereist wären. Eines jedoch wussten sie: Das Wort Gottes war das deutsche geschriebene Evangelium, das vom ehemaligen Mönch und Onkel der Zeschau-Schwestern heimlich ins Kloster gelangt war. Unter der Kutte war es weitergereicht worden. Es hatte sie getroffen wie der Anblick eines nackten Findelkindes und ihnen das Herz geöffnet.

Magdalena von Staupitz fühlte sich matt und war dankbar, in den Gedanken Zwillings ausruhen zu können. Veronika und Margarete von Zeschau stellten sich vor, es sei die Stimme ihres Onkels, die sie hörten. Margarete von Schönfeld betrachtete den Innenraum, die Säulen und Fenster. Gerne wäre sie vor den Altar getreten und hätte sich alles genau angesehen. Ihre jüngere Schwester Ave hingegen kniete die ganze Zeit und ihr Gesicht glühte vor Freude.

Auch Katharina kniete auf dem kalten Stein und lauschte der Predigt, aber sie fühlte sich zu schwach, um alles zu verstehen. Und so wünschte sie sich, sie hätte bei den Pferden bleiben können, bis sie schliefe. Ihr fehlte die warme Pferdedecke. Plötzlich war sie unendlich müde und traurig, ihr war, als ob sie sich unter den Stein legen müsste. Aber da war die Botschaft Zwillings vom Auferstehungsmorgen. Und sie selbst hatte doch in der Frühe gewusst, dass ihr Stein vom Grab gerollt worden war.

Lonata von Golis bemerkte Katharinas Unruhe und legte ihr sacht die Hand auf die Schulter.

„Ach, Lonata, ich würde am liebsten weinen und weiß doch nicht den Grund dafür." Sie fasste Lonatas Hand und legte sie an ihre Wange. So saßen sie eine Weile.

Elsa von Canitz war erstaunt, als sie sah, dass die beiden während der Predigt miteinander sprachen. Aber sie bemerkte auch den neuen Frieden auf den Gesichtern ihrer Mitschwestern. So würde es wohl gut gewesen sein. „Hier ist niemand, der rügt, heute ist Ostern."

Am Nachmittag, nach einem ausgiebigen Mittagsmahl, begann für die Frauen ein unvergessliches Fest. Sie wurden in einen großen Baderaum gebracht, es war eingeheizt und ein großer Haufen Kleider, Mäntel, Hauben, Unterwäsche, ja selbst Mieder und pelzbesetzte Hemden lagen bereit. Nicht nur Katharina hätte nach dem Bad am liebsten ihr vertrautes Gewand wieder angezogen. Ave Gosse war übel vor Aufregung, sie hatte noch nie weltliche Kleidung getragen. Doch es führte kein Weg daran vorbei, neue Kleider auszuwählen, wenn sie nicht nackt bleiben wollten.

Die Mägde lachten über die Unkenntnis der Nonnen, denn diese hatten noch nie eine Haube gebunden oder ein Mieder genestelt. Margarete von Schönfeld war wohl die Einzige, die zielstrebig nach bunten Stoffen und einem gut sitzenden Dekolleté Ausschau hielt. Frohgemut ließ sie sich einschnüren und ermunterte die anderen, sich ebenfalls auf ihre edle Herkunft zu besinnen, denn graues Tuch sei für die Bauern bestimmt.

Bald sollte besprochen werden, was Luther erreicht hatte, welche Frauen zu ihren Familien zurückgehen konnten und wo die anderen unterkamen. Die Frauen überlegten, wie sie sich kleiden sollten. Veronika und Margarete von Zeschau hatten immer noch nicht ihre Angst überwunden und wollten am liebsten noch einige Wochen im Haus verborgen bleiben.

Katharina wunderte sich darüber, denn es war ihr Onkel gewesen, der heimlich Luthers Schriften ins Kloster bringen ließ. Mit seinem Herzblut hatte sich der Mann für sie eingesetzt – gewiss war schon Vorsorge für sie getroffen. Und nun vertrauten diese beiden am wenigsten auf Gottes Hilfe. „Wer die Hand an den Pflug legt und sieht zurück, der ist nicht geschickt zum Reich Gottes." So stand es doch im Evangelium geschrieben.

Und sie wählte weiche Stoffe, einen weiten Rock und trug ihr erstes Mieder unter einem hellen Hemd, das mit zwei Bändern am Hals geschnürt wurde.

Anfang in Wittenberg

1523–1525

Mit den neuen Kleidern begann ein neues Leben. Als die Frauen am nächsten Tag nach Wittenberg weiterreisten, mussten sie sich nicht mehr verstecken. Katharina sah mit flinken Augen um sich und lachte über ihre Mitschwestern, die nun nicht mehr ihre Mitschwestern waren. Sie selbst wurde ausgelacht, weil sie immer wieder ihre Hände in die Kutte stecken wollte; aber die weiten Ärmel waren verschwunden und sie versuchte vergeblich, ihre Hände darin zu wärmen.

In den Gärten von Wittenberg leuchteten die Schneeglöckchen und unter den Bäumen hatten sich gelbe Winterlinge ausgebreitet. Diese kannte Katharina vom Kloster her. Aber was war das Himmelblaue da?

„Leberblümchen", wusste Magdalena von Staupitz. Und das Gelbe am Ufer der Elbe seien keine Winterlinge, sondern Huflattich. „Später streckt er seine breiten Blätter über die Erde, gleich der Pestwurz im Mai. Der Huflattich hat schon viele vom Husten kuriert."

Die Haselnussbäume möchte ich berühren, dachte Katharina. Bald werden die Samenfinger gelb sein vom Staub. Und unter den grünen Weiden werde ich Gott danken ... Im Kloster standen diese Büsche außerhalb der Mauern und waren daher unerreichbar.

Die Frauen wurden zum Schwarzen Kloster in Wittenberg gebracht. Schon länger lebten dort keine Augustinermönche mehr. Der Konvent hatte sich aufgelöst; übrig geblieben waren Martin Luther und sein Diener Wolf. Das Kloster war unwirtlicher als Marienthron, aber es sollte ja nur eine kurze Rast werden. Doktor Martinus hatte sich bemüht, für jede von ihnen einen Mann, Verwandte oder eine andere Unterkunft zu finden.

So warteten dort Frau Reichenbach und das angesehene Ehepaar Lucas und Barbara Cranach auf ihre Ankunft. Und nicht zu vergessen – auch Doktor Martinus war da. Ein kräftiger Mann in einer alten Mönchskutte. Seine Augen waren wie zwei dunkle Sterne, die zuweilen lustig und dann wieder gefährlich aufblitzten. Das ist also der Mann, der die Heilige Schrift so niederschrieb, dass es möglich war, mit diesem Gott tatsächlich über Mauern zu springen, dachte Katharina.

Und dann hieß es auch schon Abschied nehmen. Magdalena von Staupitz konnte zu ihrem Bruder nach Motterwitz bei Leising. Lonata von Golis, die eine atemberaubende Schönheit war, ging zu ihrer Schwester nach Colditz, um dort einen Pfarrer zu heiraten. Die beiden Zeschau-Schwestern wurden ihrem Onkel anbefohlen.

Ave Gosse aus Kursachsen tat sich mit ihrem Bruder zusammen, der kurz zuvor aus dem Benediktinerkloster in Chemnitz entflohen war; sie würden nun bei den Brüdern auf dem väterlichen Gut zu Trebsen wohnen. Dies war ein berühmter Wallfahrtsort. Auch Elsa von Canitz ging dorthin. Da sie aber eine ausgezeichnete Lehrerin war, wurde sie von Luther bald wieder nach Wittenberg gerufen, um Mädchen zu unterrichten.

Für die Schwestern Margarete und Ave von Schönfeld ließ sich so schnell keine Bleibe finden. Daher sollten beide im Hause Cranach wohnen, bis sie einen Mann gefunden hätten. Katharina wurde dem Haushalt der Reichenbachs in der Bürgermeistergasse zugeteilt. Dort sollte sie bis zu ihrer Ehe das Haushalten lernen.

Keine der gebildeten Frauen konnte sich auf die Wissenschaft werfen oder ein Handwerk erlernen, wie es die entlaufenen Mönche taten. „Ein Weibsbild ist nicht geschaffen, Jungfrau zu sein, sondern Kinder zu tragen", pflegte Doktor Martinus zu sagen, daher würden sich mit Gottes Hilfe Mittel und Wege finden.

„Und nun wollen wir Gott danken", sagte der grob wirkende Mann und faltete die Hände. Die andern taten es ihm nach. Und er sprach leiser als sonst, doch voller Wärme: „Herr, ich lobe dich für die gelungene Errettung der Jungfrauen, und ich danke dir für Ursula von Münsterberg, die sich so fleißig für die Befreiung und Fürsorge der Nonnen einsetzt. Begleite du das Leben der Frauen und Mädchen, dass sie Dienerinnen der wahren Kirche sind, vor denen alle Teufel fliehen müssen. Amen."

Katharina war sprachlos. Wie konnte jemand mitten im Kommen und Gehen laut beten! Und das Gebet hatte er doch eben erst dazu entworfen. Sie schlug das Kreuz, sie konnte nicht anders.

Von nun an erwachte Katharina jeden Tag voller Neugierde auf das, was kommen sollte. Sie brauchte nicht mehr stundenlang in stillem Gebet zu verbringen, sondern betete, während sie sich anzog, betete still während des Morgenmahls und fühlte sich Gott umso näher, wenn sie ihn über der Arbeit und den vielen Fragen ganz vergaß und ihr am Abend nur noch das Dankgebet über die Lippen kam.

Sie erlernte das Backen und Bierbrauen, das Füttern und Schlachten, das Waschen und Kinderhüten. Beim Kellermeister erkundigte sie sich nach dem Wein, mit den Ackerknechten redete sie über die Aussaat. Sie sah der Käsemutter über die Schultern und besprach mit Frau Reichenbach die Lagerhaltung und Buchführung. Denn all dieses war innerhalb eines Haushalts Frauensache. Und darauf, so wusste Katharina, würde sie sich auch verstehen. Obwohl sie nicht für den Tagesablauf zuständig war, sah sie doch schon bald, was getan werden musste und ob die Arbeit gut verrichtet wurde.

Darüber hinaus wollte sie mehr erfahren über die Fortschritte des Evangeliums und über die Furcht vor den Türken. Deshalb verstand sie sich darauf, bei Besuchen zu bewirten oder mit einer Stickarbeit dabeizusitzen und zu lauschen. Doch immer wieder vergaß sie ihre selbstauferlegte Bescheidenheit und unterbrach die Gespräche mit Fragen und Bemerkungen.

Sie hatte sich angewöhnt, stets ein Tuch um den Kopf zu tragen, sachliche Fragen zu stellen und aufrecht zu gehen. Sie konnte sich nicht benehmen wie eine Magd oder ein junges Mädchen. Da sie nicht die Hausherrin war, konnte sie jedoch auch nicht ausführen, was sie für richtig hielt. Aber sie beobachtete umso genauer, notierte in ihrem Gedächtnis Rezepte, machte sich Gedanken über das Benehmen von Frauen und Männern und war davon überzeugt, dass Gott im Herzen wohnt und somit alles gut ist, was anderen zum Leben und zur Freude hilft. Und das war die neue Botschaft für sie: nicht in der Selbstbestrafung oder der Versenkung Gott nahe zu sein, sondern im Handeln Gottes Gegenwart zu spüren. Dennoch sang sie oft die alten lateinischen Anbetungslieder. „Dies ist bei mir angeboren", sagte Katharina, wenn sie darauf angesprochen wurde. „Die Vögel zwitschern doch auch und die Bienen summen bei ihrer Arbeit."

Es dauerte nur wenige Wochen, bis sie nicht mehr Katharina von Bora genannt wurde, sondern „edles Fräulein" oder „Heilige Katharina von Siena". Dies war etwas spöttisch gemeint, weil sie oft überlegen handelte und sich vornehm gebärdete.

An einem Nachmittag bat Frau Reichenbach: „Liebe Katharina, geh zu dem schrägen Acker vor der Stadt und bring ein großes Tuch Hopfen mit. Es ist mir lieb, wenn du die neue Magd mitnimmst, damit sie die Wege kennenlernt."

Das war ein Auftrag, wie Katharina ihn liebte. Hinaus in die Felder und die Arme voller Hopfen und Läuse. Dann gab es wieder ordentliches Bier und das wollte sie selber brauen.

Katharina suchte die Magd. Sie rief in den Keller und erkundigte sich in den Ställen. Sie sei im Keller, hieß es. Dort wurde Katharina fündig. So ist es mit Mägden und Knechten, dachte sie. Wenn man sie braucht, sind sie oft unsichtbar und taub.

„Ja, edles Fräulein, ich gehe gerne mit Euch zu den schrägen Äckern." Katharina glaubte dem Mädchen, dass es gerne mitging, denn sie mussten dazu durch die Stadt, und da gab es immer viel zu sehen.

Unterwegs fragte Katharina die junge Magd: „Weißt du etwas über das Leben der heiligen Katharina von Siena?" Die Magd wunderte sich, weil das edle Fräulein, das ja einmal eine Nonne gewesen war, sich nicht mit den Heiligen auskannte. Und so erzählte sie: Vor zweihundert Jahren habe Katharina von Siena gelebt und schon als junges Mädchen alles auf sich genommen, um ein gottgefälliges Leben zu führen. Als in Siena die Pest wütete, floh sie nicht wie die anderen, sondern pflegte die Kranken und Sterbenden. Sie trug als Zeichen ihrer Heiligkeit die Wundmale an ihren Händen. Und sie bat die Päpste der tief gespaltenen Kirche, sich zu versöhnen. Als sie mit dreiunddreißig Jahren starb, sprach sie die Kreuzesworte: „Es ist vollbracht."

Als Katharina die Geschichte hörte, sagte sie: „Also, ich verstehe nicht, wie man mich mit dieser Frau vergleichen kann. Ich habe noch keinen Pestkranken gesehen und mich auch nicht in die Streitigkeiten der Kirche eingemischt. Aber ich habe mir von Kindesbeinen an gewünscht, Gott zu ehren. So soll nun diese Katharina, auch wenn man über mich spottet, mein Vorbild sein."

Sie gingen weiter und als sie am schrägen Acker anlangten, fiel der Magd ein, dass sie doch in der Stadt Ausschau halten wollte. Sie hatte es ganz vergessen. Als ob das edle Fräulein sie mit ihrer Frage verhext und von dummen Gedanken abgehalten habe.

Ave von Schönfeld, die nur ein paar Häuser weiter wohnte, wurde Katharinas Freundin. Es war ein Glück für beide, dass sie so dicht beieinander wohnten und Reichenbachs, Cranachs und Luther so viele Gäste hatten. Wie Kuriere konnten die Freundinnen zwischen den Häusern hin- und hergehen. Sie lernten bedeutende Persönlichkeiten kennen und wussten über politische Dinge Bescheid. Sagte der Volksmund „Neugierig wie eine Nonne", so verband die beiden mehr als nur Wissensdurst. Sie bildeten sich eine eigene Meinung und begannen zielstrebig, das in die Tat umzusetzen, was ihnen wichtig erschien.

Doch schon wenige Wochen nach ihrer Ankunft in Wittenberg hatte Ave nur noch ein Thema, dem sie sich voller Hingabe widmete: Basilius, der Arzt und Apotheker im Hause Cranach. Seine Arbeit, seine Hände – und wie er es verstünde, mit ihr zu scherzen! Und dass, wenn … dann nur er! Ave erweckte in ihrem Feuer den Eindruck, alle Menschen, denen sie begegnete, bis in Ewigkeit zu lieben. Sie ließ ihre Haare wie ein Feuer vom Kopf fließen und bewegte sich so sacht wie ein Reh.

Wenn ihr die Männer unschickliche Dinge sagten, rügte sie diese nicht, sondern pflegte zu lachen, sodass sich die Schandmäuler noch als gute Unterhalter verstanden. Doch wenn … dann nur er!

Und er wollte. *Und ob* er wollte!

Katharina staunte, wie schnell aus einer liebenswerten Nonne und Freundin eine glückliche Apothekersfrau wurde.

„Wenn ich hätte heiraten wollen, hätte ich Ave genommen", sagte Doktor Martinus am Tag ihrer Hochzeit. So wunderbar war Ave. Katharina erzählte ihrer Freundin, was sie mitgehört hatte.

„Aber ich hätte Nein, Nein, Nein gesagt!", rief Ave laut und voller Inbrunst.

Katharina sagte warnend: „Sag es aber nicht Doktor Martinus, sonst verbrennt er gar noch aus Wut die falschen Bücher."

Ave war nun glücklich und versah ihren eigenen Haushalt. Damit war Platz für eine andere Frau im Hause Cranach und den nahm Katharina ein.

Die Hausfrau Barbara Cranach hatte ihre Freude an Katharina, weil sie Dinge erfragen konnte, über die sonst niemand nachdachte. Katharina lernte von Frau Cranach, wie sie für die Arbeiter, Maler und Gesellen kochte. Denn in ihrem Haus war nicht nur die Malerwerkstatt ihres Mannes mit allen seinen Helfern untergebracht, sondern auch noch eine Buchdruckerei sowie die Wittenberger Apotheke, in welcher Aves Mann, der Arzt Basilius, die Leitung hatte. Außerdem waren gut dreißig

Mitarbeiter in der großen Tischlerwerkstatt tätig: Bauleute, die Türen hobelten, und Maler, die Wände kalkten.

Könige, Grafen und Gelehrte kamen zu Cranach, um sich porträtieren zu lassen. Seine Frau Barbara empfing sie und sprach mit ihnen. In diesem Haus konnten die Frauen ebenbürtig mit zu Tisch sitzen, da die Mägde bedienten. Es gibt viele Welten, dachte Katharina. Und wie das eigene Leben aussieht, das hängt sehr davon ab, welchen Mann eine Frau hat.

An einem Nachmittag war Katharina in Cranachs Atelier und studierte ein Gemälde des Meisters. Das Bild zeigte eine Menschengruppe, die sich auf ein Marterrad und Märtyrerfeuer zubewegte. Erst gingen die Männer aufrecht und zu Pferd, doch dann sanken sie nieder, um sich in den Tod zu schicken.

Katharina schaute sich das Bild an, weil ihr Ave und Frau Cranach in den Ohren lagen, sie solle sich mehr Gedanken um Kleidung machen. Die Männer auf dem Bild trugen hochaktuelle gestreifte Beinlinge und Hemden mit weiten, gestickten Ärmeln. Zwei treue Pferde waren auch auf dem Bild; als ob sie mit in den Martertod schritten, beugte sich eins mit seinem Herrn.

Inmitten der knienden Schar, wie eine Augenweide, fiel Licht auf eine schöne Frau in einem roten weiten Samtkleid, wie Katharina es noch nie gesehen hatte. Das Dekolleté ließ die Schultern frei, um den Hals hingen zwei prächtige, goldene Ketten. Zu ihrer Linken kniete ebenfalls ein Mönch, der die Gesichtszüge von Doktor Martinus trug. Auch die anderen Gesichter kannte sie teilweise. Sie war erstaunt, denn das Bild trug den Titel: „Katharina von Alexandria, gest. um 308, Märtyrerin".

Eine Katharina! Wieder eine Katharina!

Sie erzählte Barbara von ihrer Entdeckung und fragte: „Wie kann es sein, dass diese Katharina solche Kleider trug, zu der Zeit?"

Barbara Cranach war erst still, doch dann lachte sie laut los. „Mein Mann zieht denen, die verehrt werden sollen, die schönsten Kleider an und adelt sie mit Köpfen von Freunden und Herren."

Katharina fragte verblüfft: „So könnte es angehen, dass Katharina von Alexandria gar nicht so schön war und vielleicht nur Lumpen besaß, ja dass ihr diese auch noch vom Leib gerissen wurden, ehe sie verbrannte?"

Am gleichen Tag war auch Martin Luther zu Besuch. Barbara Cranach sagte zu ihm: „Könnt Ihr Katharina sagen, was die heilige Katharina von Alexandria auf dem Scheiterhaufen trug?" Und sie fügte hinzu: „Es ist wichtig, denn unsere Katharina entdeckt überall andere Katharinas."

Luther schmunzelte, doch dann bemerkte er Katharinas verletzten Stolz. „Ich weiß genauso wenig, was sie trug, aber ich kann noch heute eine neue Katharina von unserer Katharina von Bora grüßen." Und an Katharina gewandt fuhr er fort: „Ich schreibe einen Brief an meinen Freund Matthias Zell, er ist der erste Reformator in Straßburg. Er wird die gottesfürchtige und grundgescheite Katharina Schütz heiraten. Sie ist mutig wie ein Held und man nennt sie schon jetzt den Engel von Straßburg. Soll ich grüßen? Von Katharina zu Katharina?"

„Ja, grüßt von mir, ich werde für sie beten."

Später sagte Barbara zu ihr: „Ich dachte, Ihr macht Euch endlich Gedanken, wie Ihr Euch so edel kleiden könnt, wie es Eurer Herkunft entspricht. Aber nun habt Ihr nur einen neuen Grund zum Beten gefunden."

Nun war Katharina an der Reihe zu lachen. „Es geht mir so gut, liebe Barbara! Und wenn ich mich mit Doktor Martinus vergleiche, der immer noch in der abgeschabten Mönchskutte herumläuft, so sieht man mir doch schon einen guten, bürgerlichen Stand an. Wenn er noch die Mönchskutte trägt und fastet aus Rücksicht auf Schwache, so kann ich doch auch diese geborgte Kleidung tragen, weil ich es nicht gewohnt bin, mich darum zu sorgen."

„Ich werde sehen, was ich für Euch tun kann", sagte Frau Cranach, wie schon so oft. Und sie besorgte feines Tuch für ihre beiden liebsten Schützlinge.

Es war einer der Abende, zu denen Cranachs geladen hatten. Man sprach über Papst und Kirche, denn Luther war auch zugegen. Katharina kam kaum nach mit Biereinschenken; die Herren hatten zu jeder Jahreszeit reichlich Durst.

Luther hatte schon Melanchthon zum Heiraten überredet. Heute bekam Spalatin sein Fett weg. Luther wählte sanfte Worte und doch gab er ihm zu verstehen, dass er ein Unmensch wäre, wenn er keine Bedürfnisse hätte. Luther redete mit ihm und sprach dabei doch wie üblich zu jedem im Raum: „Die Ehe ist am höchsten zu preisen. Denn wer heiratet, übernimmt Verantwortung für die gottgegebene menschliche Natur. Er sorgt für Frau und Kinder. Wem es gelingt, auch seine Kinder in den Himmel zu ziehen, der hat die besten Werke vollbracht. Oh, das ist ein seliges Haus, eine selige Ehe, die rechte Kirche, ein auserwähltes Kloster, ja ein Paradies!"

Luther nahm noch einen guten Schluck. Es war das erste Bier, das Katharina gebraut hatte. Es war stark und schmeckte richtig gut.

„Ei, ei, wie schön du sprichst", erwiderte Spalatin gelassen. „Wie steht es denn mit deinem Vorbild, lieber Martinus?"

Luther holte weit aus: „Als ich noch Student war, war die Zeit ein einziges Huren und Saufen. Und im Kloster war die Anfechtung gar bitter. O ja, drei Frauen habe ich wohl so stark geliebt, dass sie einen andern vorzogen. Aber wie könnte ich mir jetzt eine Frau nehmen, da ich doch täglich auf dem Scheiterhaufen brennen könnte?"

Katharina hörte nicht mehr richtig hin. Das war Männergeschwätz, bei dem keiner mehr Wahrheit und Dichtung trennen konnte. Sie stand abseits, den Bierkrug in beiden Händen. Doch dann wurde es plötzlich laut und Doktor Martinus rief erregt: „Ich bleibe dabei: Das Kloster ist eine Hölle, drinnen ist der Teufel Abt und Prior, die Mönche und Nonnen sind die verdammten Seelen!"

Ehe er wutfunkelnd geendet hatte, knallte Katharina den Krug auf den Tisch und rannte hinaus. Sie hatte sich im Kloster nicht wie in einem Hurenhaus verhalten, auch wenn es in anderen Klöstern so gewesen sein mochte. Sie wollte sich nicht ihre einzige Heimat, die sie hatte, schlechtreden lassen! Vor Wut traten ihr die Tränen in die Augen. Sie wusste nicht, wohin sie gehen sollte in ihrer Einsamkeit.

Aber da war schon Barbara zur Stelle. Und zum ersten Mal sprach jemand Katharina mit den Worten „mein Kind" an: „Mein Kind, ich erzähle Euch jetzt über unseren Doktor Martinus, dass Ihr seinen Hass verstehen könnt und dass Ihr Euch nicht so kränken lasst. Er spricht nicht gegen ein aufrichtiges Herz, das sich für ein Klosterleben entscheidet, sondern gegen den keuschen Anstrich, den sich Mönche geben, um dann zu verantwortungslosen Hurenböcken zu werden.

Er selbst hat Gott im Kloster hassen gelernt, weil er ihm nie durch die geforderten Werke gerecht werden konnte. Nur dagegen wendet er sich: dass Gottesdienst aus Angst geschieht und nicht aus Freude und Vertrauen. Und er redet nicht nur so daher. Doktor Martinus hat öffentlich angeprangert. Er wurde als Ketzer ausgerufen und hat den Scheiterhaufen vor Augen. Trotzdem hat er nicht widerrufen! Vergesst das nicht, Katharina, wenn Ihr wieder meint, er rede so grob wie ein Bauer daher. Ich weiß, dass Ihr manchmal so denkt, auch über die Fürsten, die hier einkehren. Am liebsten wolltet Ihr sie in die Schule schicken." Und sie fügte seufzend hinzu: „Das würden viele Frauen gerne: die Männer in eine Schule schicken. Das gelingt keiner Frau, aber der dümmste Mann darf sich zum Lehrmeister seiner Frau erheben. Und nun grämt Euch nicht, Katharina, hier geht es nicht um Euch."

Katharina wurde klar, dass es bei allem um Religion und Politik ging. Sie wurde nie gefragt, dabei war sie doch auch von allem betroffen.

Aves Hochzeit war noch nicht lange her und die Be-
mühungen der Frauen, Katharina wenigstens ein kleines
Dekolleté aufzuschwatzen, hatten noch nicht gefruchtet,
weil, wie sie sagte, sie das Gefühl habe, dann abgelenkt
zu sein. Da kam von ganz anderer Seite Hilfe – in Gestalt
eines liebevollen Mannes. Er hieß Hieronymus Baumgärtner und war zu Gast im Hause Cranach. Bald begleitete er Katharina auf Schritt und Tritt. Er liebte ihren
Widerspruch bei Tisch und ihre Hände im Brotteig. Er
sagte ihr, dass er am liebsten mit ihr studiert hätte und
sie zurecht „edles Fräulein" und „Heilige Katharina von
Siena" genannt würde. Hieronymus verfolgte Katharina
in die Kirche und in den Garten. Und er jagte sie mit
gerafftem Rock und heißem Gesicht über die Flure und
die Treppen hinauf, bis sie ganz und gar eingefangen war
und einwilligte, sich mit ihm zu treffen.

Sie versicherten einander ihre Liebe, und Hieronymus
versprach ihr, wiederzukommen und sie als seine Frau zu
sich zu nehmen. Er müsse nur erst nach Nürnberg und
seine Eltern um Erlaubnis fragen. Das sei nicht einfach,
weil sie andere Pläne mit ihm hätten und eine entlaufene
Nonne, dazu noch ohne Vermögen, für sie eine Schande
darstelle.

Hieronymus schüttelte beim Gedanken an die Eltern
den Kopf. Dann legte er seine Finger unter Katharinas
Kinn, damit sie ihn ansah. „Ich weiß aber, dass es diese
entlaufene Nonne ist, die mich glücklich macht und mit
der ich durch Gott und im Leben verbunden sein will",
sagte er mit fester Stimme. Und Katharina wusste, dass
sie den gleichen Wunsch hatte.

Mit der Abreise von Hieronymus veränderte sich Katharina. Jeden Tag machte sie sich schön, sah zwischendurch in den Spiegel, um ihre eigene Freude zu sehen. Sie war bereit, ihn stündlich zu empfangen. Wenn sie im Garten Unkraut ausriss, scherzte er mit ihr über diese Gewalttaten; wenn sie sich ärgerte, konnte er sie zur Ruhe bringen, und wenn sie in der Kirche saß, konnte sie den Blick heben und traf den seinen und beide wussten, dass es gut war. Im blauen Himmel erkannte sie sein Lachen und wenn sie an seine Liebkosungen dachte, wurde sie zu einem Weizenfeld, in das der Wind seine Wellen blies.

So verging Woche um Woche. Der Winter kam, aber kein Hieronymus. Der Frühling kam, doch nicht einmal eine Nachricht wurde von Nürnberg nach Wittenberg gesandt. Dieser Frühling war keiner. Nur Ave und Frau Cranach spürten, wie sehr Katharina litt, aber sie fanden keine Worte.

Als auch der Sommer ohne Nachricht von Hieronymus zu Ende ging, wurde Luther ungeduldig, denn wenn Baumgärtner Katharina nicht heiraten würde, musste Ersatz gefunden werden. Also schrieb er an Baumgärtner und mahnte ihn, sich zu melden, denn Katharina liebe ihn noch. Wenn er nicht wolle, würde sich bald ein anderer finden.

„Doktor Martinus Luther will mit Euch sprechen." Diesmal wurde Katharina von einer Magd gesucht.

Katharina traf Luther in der Druckerei. Er besah sich das neue Flugblatt, weswegen Cranach ihn hatte herkommen lassen. Die Augen auf die frischen Druckseiten gerichtet, sagte Luther: „Mir liegt ein Brief von Hieronymus Baumgärtner vor. Er hat von seinem Versprechen, Euch zu ehelichen, Abstand genommen." Und er fügte, ohne aufzusehen, hinzu: „Ihr kennt doch Dr. Kaspar Glatz, er hat jetzt die Pfarrstelle in Orlamünde übernommen. Der möchte Euch zur Frau nehmen."

„Den Glatz! Den Glatzen nehm ich nicht!", brauste Katharina auf. O ja, sie kannte ihn: Er war steif, geizig und hässlich. Doch Luther wollte nicht mit ihr verhandeln. Er hatte sich bereits wieder seinem Freund Cranach zugewandt. Sie lobten sich gegenseitig über die gelungene Schrift.

In ihrer Not ging Katharina zu Luthers Freund, dem Pfarrer Nikolaus von Amsdorff, und klagte ihm, Luther wolle sie gegen ihren Willen mit dem alten Glatz vermählen, obwohl sie weder Lust noch Liebe zu ihm verspüre. „Auch wenn mich ein Mann enttäuscht hat, muss ich noch lange nicht wie eine ungewollt Schwangere behandelt werden und einen Mann von geringem Ansehen und schlechtem Charakter heiraten!"

Amsdorff machte Luther Vorwürfe. Der alte Glatz sei auch in seinen Augen keine Freude für eine Frau wie Katharina. Dann verriet er ihm, er habe Katharina gefragt, ob sie denn überhaupt heiraten wolle. „Und was, meinst du, hat sie darauf geantwortet?", fragte Amsdorff seinen Freund.

„Was weiß ich, was dieses edle Fräulein darauf sagte", brummte Luther. „Vielleicht würde sie ja lieber wieder ins Kloster gehen. Ihre Bemerkungen sind trotzig."

„Weit gefehlt, lieber Martinus, weit gefehlt. Sie ist

nicht trotzig. Sie hat gewählt! So wahr ich hier stehe, sagte sie: ‚Lieber würde ich den Doktor Martinus oder Euch selbst, den Herrn Amsdorff, ehelichen.'"

Luther schlug die Hände zusammen. „Soll sie doch auf einen andern warten!"

Bald verabschiedete er sich von seinem Freund, der nie heiratete. Doch für Luther sollte dieses Gespräch noch ein Nachspiel haben.

„Sie hat mich in ihre Zöpfe geflochten"

1525

„Ave, erklär mir, warum sich die Leute jetzt das Maul zerreißen. Bloß weil ich aus Überzeugung gesagt habe, ich fände es richtiger, Doktor Martinus zu ehelichen? Ist es denn etwa besser, unter Weibern und hinter den Rücken zu tratschen? Oder sollte ich über heilige Dinge laut lachen und mich brüsten, wie es die Männer bald Abend für Abend machen?"

Ave hatte Mitleid mit Katharina. Mit ihrer ehrlichen Art war sie dem Spott der Leute ausgesetzt. Gerade sie, der niemand wirklich etwas nachsagen konnte. „Katharina, auch mich hast du erstaunt, aber ich liebe dich deswegen umso mehr, weil du so mutig bist. Uns Frauen wird es angelastet, wenn nicht gleich ein Mann zur Hand ist oder wir nicht gleich Ja und Amen sagen. Ach, Katharina, ich weiß jetzt erst, wie viel Glück ich mit meinem Basilius hatte. Bei uns waren die erste Liebe und unsere Ehe aus einem Guss. Aber dir wird auch noch die Enttäuschung mit Hieronymus zum Vorwurf gemacht. Als ob du eine Hure wärst und nun nicht zu hoch greifen dürftest. Aber ich sehe dich mit anderen Augen. Glaub mir: Es steht dir gut an, einen Mann zu wählen, den du achten und lieben kannst. Denn dir war es immer wichtig, im Einklang mit Gottes Wort und deinen eigenen Wünschen zu leben."

Katharina spürte Aves Zuneigung. „Ich bin so froh, Ave, dass ich dich und Frau Cranach habe. Sonst fühlte ich mich so einsam, dass ich die Klostermauern vorziehen würde. Dort hätte ich zwar wenig, aber ich würde wenigstens nicht verdächtigt, wenn ich mich bemühe, alles richtig zu machen."

Ave sah Katharina an und erwiderte: „Ich bin stolz auf dich, Katharina. Du tratschst nicht wie die anderen Frauen über deine Pläne. Man sieht dir an, wie es dich ekelt, wenn sich die Männer bei Bier und Wein nicht genug loben können, was sie schon alles erlebt haben, welche Frau sie gerne hätten oder wie schlimm die Anfechtungen waren. Wer von uns Frauen traut sich denn, das auch zu zeigen? Du, Katharina, du! Deswegen nehmen die Menschen Abstand von dir, anstatt dich zu ehren."

Katharina hörte nichts von Luther, dafür jedoch umso

mehr, was andere zu ihm sagten: Sie sei und bleibe eine entlaufene Nonne, die ihm den Kopf verdreht habe. Sie wusste, dass auch er sie für hochmütig hielt. Aber sie blieb bei dem, was sie gesagt hatte.

Barbara Cranach erzählte Katharina, dass ihr Mann Lucas genug habe von dem Gerede. Er habe Luther extra aufgesucht und ihm gesagt, dass – bei aller Feindschaft, die sich nun um die beiden auftue – Katharina von Bora des Doktor Martinus würdig sei. „Übrigens", fügte sie hinzu, „des Doktor Martinus Eltern haben auch Wind von der Sache bekommen. Und diese finden Euch stattlich und gesund, außerdem kennen sie Eure frohe Art bei der Arbeit und wären von Herzen froh, wenn Ihr Euch des Martinus annähmt und sie eine solche Schwiegertochter hätten."

Während andere sich ihre Mäuler zerrissen und Martinus nun um konkrete Heiratsfragen nicht mehr herumkam, war Katharina wieder ruhig geworden. Sie pflückte die ersten Maiglöckchen aus Cranachs Garten und setzte durch, das Kutschieren eines Pferdegespannes zu erlernen. Täglich suchte sie die Ställe auf, klopfte den Pferden auf den Hals, schleppte mit andern das Zaumzeug und vergaß alles um sich herum für die wenigen Minuten, in denen sie auf dem Kutschbock saß. Jedes Mal ging sie hinterher zu den Gäulen, segnete sie und hielt ihnen auf der flachen Hand einen schrumpeligen Apfel oder Dinkel hin.

Katharina lernte auch noch etwas ganz anderes: Sie hatte Elisabeth Cruciger kennengelernt. Diese war ebenfalls eine entlaufene Nonne und mit dem Magdeburger Pfarrer verheiratet. Durch Bugenhagen hatte sie zu Luthers Worten gefunden und war nun oft zu Gast. In ganz Sachsen war sie die einzige Frau, die geistliche Lieder schrieb. Und ganz selbstverständlich wurden diese gesungen.

Katharina wunderte sich über Elisabeths Mut. Im Kloster hatten sie beide nur gemeinsam und einstimmig singen dürfen, denn einzelner oder mehrstimmiger Gesang galt als eitel. Und nun fand diese Frau Worte und Melodien. So wie auch Doktor Martinus sie fand, wenn er die Laute hervorholte und alle mitsangen. Wie fremd das erst klang! Und nun war es ihr, als ob Gott in den Liedern wohnte. Katharina liebte Elisabeth um dieses Reichtums willen und wartete sehnsüchtig darauf, Neues von ihr zu erfahren und in ihren Liedern das Leben zu spüren. Ihre Worte waren Sonnenstrahlen, die Katharinas Körper erwärmten. Elisabeth konnte sie auch ihre Gedanken mitteilen, und sie blieben aufrichtig wie klares Wasser, weil Elisabeth ihr nichts unterstellte und sie im Gegenteil ermutigte, ihrem Gewissen zu folgen, auch wenn Menschen anders urteilten.

Immer wieder mahnte Elisabeth: „Katharina, auch wir müssen Gottes Wort verkünden, denn wir verstehen viel von der Liebe und tun wenig zu unserem Vorteil. Wir sind es, die gelernt haben, Ja zu sagen, so wie Gott zu den Menschen Ja sagt. Bedingungslos und für immer. Er schämt sich nie unserer Schwächen, wie wir auch die Kinder in ihren Schwächen lieben. Wir haben noch mehr zum Wohl beizutragen, als es die Gelehrten tun. Wir brauchen nur aus unserem Leben zu erzählen. Wir müssen miteinander davon singen. Die Kinder sollen die

Lieder an der Mutterbrust einsaugen. Aber noch mehr brauchen uns die Männer."

Martin Luther war es, der gleich weitererzählt hatte, dass Katharina ihn zum Mann nehmen wolle. Damals hatte er darüber gelacht und nicht gewusst, wie sich dieses Hirngespinst so schnell verbreitete. Aber viel schlimmer war, dass dieses Frauenzimmer nun beständig vor seinen Augen war. Es ging nicht mehr darum, ob er heiraten wolle oder nicht. Es ging um diese praktische, gläubige Frau. Und all die Worte, mit denen er andere zur Ehe aufforderte, kehrten sich nun gegen ihn.

„Martinus", sprachen sie, „kein natürlicher Mann soll sich aus der Schlinge ziehen, dass er ohne Weib sei. Der Körper braucht es, mehr als Essen, Trinken und Atmen. Nichts steht höher, als zu lieben und sich zu vermehren. Also, du alter Madensack, verehelich dich endlich. Sei damit ein rechtes Vorbild. Eine Pfarrfrau sollst du lieben und damit den vielen Geistlichen, die Konkubinen haben, einen neuen Weg weisen. Es soll keine heimlichen Pfarrmetzen mehr geben, sondern Ehen, in denen beide einen gemeinsamen Glauben haben und beide ein Werk tun."

Im April reiste er zu seinen Eltern und trug ihnen vor, Katharina von Bora zur Frau zu nehmen. Die Eltern freuten sich über seine Heiratsabsicht, da ihnen das Mönchsein sehr widerstrebt hatte und ihr Sohn nun endlich bürgerlich wurde.

In Katharina und Martinus festigte sich der Entschluss, ein Paar zu sein, so wie es sich mit einem neuen Tag verhält: Wer kann genau sagen, wann die Nacht vorbei ist und der Morgen beginnt? Hängt nicht noch etwas Dunkelheit in den Räumen, wenn draußen schon die Sonne ihre Bahn zieht?

Katharina verhielt sich wie zuvor. Aufrecht stand sie ihm gegenüber, wenn er kam, egal ob sie von der Arbeit schmutzig war oder mit anderen sprach. Sie sah ihm in die Augen und erwiderte mit fester Stimme seine Anrede. Sie hatte nichts zu verbergen. Sie wusste, was sie tat. Und sie genoss es, dass ihn bisweilen eine helle Aufregung erfasste, wenn sie zusammen waren. Sie kannte inzwischen seine Pläne und wartete ab. Sie hielt sich zurück, allein ins Schwarze Kloster zu gehen, denn die Leute würden reden. Und sie würde sich nicht nachsagen lassen, sie habe ihn eingefangen oder habe es wie eine läufige Hündin getrieben.

An einem Nachmittag war Martinus wieder im Cranachschen Haus. Er fragte nach dem edlen Fräulein Katharina und sagte vor allen andern zu ihr: „Wo wart Ihr gestern, Käthe? Ich habe Euch vermisst. Ich bin heute den ganzen Tag im Schwarzen Kloster."

Käthe! Er nannte sie Käthe und hatte sie vermisst! Katharina konnte sich nicht mehr konzentrieren. Wie konnten ihr diese schlichten Worte die Ruhe rauben? Doch mit seinen Worten hielten auch all die anderen Stimmen Einzug: Sie sei hochmütig, eine Heilige, eine Hurennonne, energisch und nicht die Richtige für Doktor Martinus. Ihr Herz klopfte und schickte alle Worte in die kleinsten Fasern ihres Körpers. Das tat weh und machte Angst.

An diesem Abend ging sie zu Martinus ins Schwarze Kloster. Aber noch nie war der Weg so lang. Am liebsten hätte sie an jeder Mauer Rast gemacht. Sie hörte noch einmal die Worte: „Ich habe Euch vermisst, Käthe." Und das machte es ihr leicht und schwer zu gleich.

Als Luther erfuhr, dass Katharina gekommen war, schickte er seinen Schreiber aus der Stube und befahl dem Diener Wolf, Bier für sie beide zu bringen. Katharina war zum ersten Mal mit Doktor Martinus allein – auch wenn sie schon hundertmal mit ihm allein in einem Raum gewesen war. Ihr schlotterten die Knie, und ihr Mund war trocken.

„Katharina", fing Luther an. Dann besann er sich, rückte zwei Stühle einander gegenüber, auf den einen drückte er Katharina, auf den anderen setzte er sich selbst. Dann begann er noch einmal: „Katharina, wir beide haben unsertwegen schon viel Spott ertragen. Ich möchte dem so schnell wie möglich ein Ende machen und die Schandmäuler stopfen. Du sollst mein rechtmäßiges Eheweib sein. Wir werden wieder Spott ernten, weil wir wegen des drohenden Bauernkrieges eine Ehe eigentlich verschieben müssten. Doch das ertrage ich mit Freuden, wenn wir vor Gott, den Zeugen und den Lästermäulern unsere heilige Ehe beginnen."

Während Martinus sprach, wurde Katharina ein anderer Mensch. Es waren die Worte „wir" und „uns", die sie veränderten. Gesprochen von schmalen Lippen und ohne jedes Lachen – doch von der Stunde an, das wusste sie später, waren sie beide ein Paar. Und bis zu ihrem Tod blieb sie diese Frau.

Als sie den Weg zu Cranachs Haus zurückging, war sie voller Ruhe und Glück. Sie hatte einen Mann gefunden, der sie ebenso brauchte wie sie ihn. Und sie würden eine heilige Ehe beginnen.

Am Dienstag, dem 13. Juni, einem Tag, an dem üblich die Hochzeiten stattfanden, verlobte sich Martin Luther mit Katharina von Bora rechtskräftig. Die Zeugen waren Justus Jonas, Johannes Bugenhagen, der ebenfalls mit einer ehemaligen Nonne verheiratete Jurist Johann Apel und das Ehepaar Cranach. Bugenhagen vollzog die Trauung. Anschließend legten sie sich vor Zeugen das erste Mal gemeinsam auf ihr Bett.

Katharina hatte die Tage zuvor den faulen, nassen Strohsack weggeworfen, auf dem Luther geschlafen hatte, und nun lagen sie auf einem neuen, duftenden Sack, bezogen mit weißem Leinen, das Frau Cranach den beiden gestiftet hatte. Nach der ersten Nacht schloss sich tags darauf ein Essen für die Zeugen an, zu dem der Stadtrat sieben Kannen Frankenwein stiftete.

Von dem Tag an lobte Luther nicht nur die Ehe, nein, er lobte seine Käthe, die er um ganz Frankreich und Venedig dazu nicht mehr hergeben wollte. Sie befanden sich in den „Küssenwochen". In der Zeit schlief das Paar auf einem gemeinsamen Kissen, um die Liebe kennenzulernen. Dies alles war so neu und innig, dass alle Arbeit, die getan werden musste, noch schneller von der Hand ging.

Luther schickte Einladungen an seine Freunde, damit sie in vier Wochen zur Hochzeit kommen sollten. An das Ehepaar Koppe schrieb er, es sei doch sonderbar, auf dem Kissen, das immer leer gewesen sei, nun zwei Zöpfe zu finden, wenn er nachts von schweren Träumen erwache.

„Nicht nur, dass sie auf dem Kissen neben mir liegen, nein, sie hat mich in ihre Zöpfe geflochten, wo immer ich auch bin."

Koppe ließ ausrichten, dass er zum Hochzeitstag nur zu gerne komme, um mit seiner entführten Nonne und seinem Freund Luther zu feiern.

Mit ihrem Brautstand gewöhnte sich Katharina daran, morgens um vier Uhr aufzustehen. Wurde sie früher im Kloster zu dieser Zeit geweckt, weil Gebete verrichtet werden mussten, so war es nun der Haushalt des Schwarzen Klosters, der zu bewältigen war. Selbstverständlich kümmerte sich Katharina um die Hauswirtschaft.

Es fehlte an allen Ecken und Enden. Als die Mönche ausgezogen waren, hatten sie alles mitgenommen, das nicht angenagelt war. Und selbst das hatte nicht immer geholfen. Der Ofen funktionierte nicht, also waren die Räume nicht zu heizen. Eine Badestube war nicht eingerichtet … Erst schaffte Katharina Ordnung in den Zimmern und brachte die verlassene Küche in einen funktionierenden Zustand. Dann pflanzte sie zu später Jahreszeit Setzlinge in den Garten. Dazu musste sie erst Teile des Obstgartens umgraben. Das machte auch ihrem lieben Martinus Spaß, denn er fühlte sich dabei jung wie ein Bauer, der in Gottes Paradies arbeitet.

In gut einem Monat sollten schon der öffentliche Kirchgang und die Einsegnung stattfinden. Und das Schwarze Kloster glich noch einer dumpfen Räuberhöhle, geschaffen für Mönche, um darin zu fasten und zu frieren. Dabei wurde es seit Katharinas Einzug für Gäste eine Selbstverständlichkeit, bei ihnen Platz zu nehmen und um Quartier zu bitten.

Katharina arbeitete mit roten Wangen und kam kaum zur Ruhe. Doch ihre Gedanken waren Vögel, die zum Himmel stiegen. In ihr formten sich Melodien und Worte. Sie dachte daran, was sie von Elisabeth Cruciger gelernt hatte, und sang – für andere unhörbar – während der Arbeit ihr Brautlied.

Katharinas Brautlied

Nun tragen wir die Ringe,
ach, liebe Seele, singe
bei Tag und auch bei Nacht.
Gott hat es wohl geführet,
das Herz in uns berühret
und alles, alles wohl bedacht.

Wie waren unsre Ohren
einst taub – für Lieb verloren
und auch der Mund blieb stumm.
Gott dachte an die Seinen,
er hörte dieses Weinen
und drehte unsre Herzen um.

Für immer will ich bleiben
und mich dir ganz verschreiben,
wie du dich gibst mir hin.
Leg mich an deine Seite

und wenn es sein muss, streite
mit mir und meinem Sinn.

Nun tragen wir die Ringe,
ach, liebe Seele, singe
bei Tag und auch bei Nacht.
Und wie dies Gold hell glitzert,
so alles an mir zwitschert,
so stark, so lieb, so sacht.

Spalatin, der beim Kurfürsten Johann war, erzählte diesem von Luthers Verlobung mit Katharina von Bora. Welch ein Glück, denn daraufhin schickte dieser, so schnell es ging, hundert Gulden zum Wirtschaften und Einrichten.

Katharina war außer sich vor Freude. „Ich weiß schon, ich weiß schon, wofür wir das Geld auch brauchen."

Luther wunderte sich über Katharinas ungestüme Freude, wenn es ums Wirtschaften ging. „Ich weiß, meine liebe Hausfrau, du wirst uns ein wahres Hochzeitsfest bereiten."

„Das werde ich", bestätigte Katharina, „aber ich werde auch eine Sau kaufen."

„So wird es wohl ein reichliches Festmahl geben", nickte der Doktor.

„Nein, dieses Schwein wird nicht gegessen!", sagte Katharina entsetzt. „Ich weiß, wo ich eine Muttersau herbekomme, so können wir selbst Schweine züchten und verkaufen. Und im Winter werden wir nicht hungern, denn ich habe vor, eine Pension für Studenten bei uns einzurichten. Das Geld können wir nötig brauchen.

Außerdem sind sie sowieso schon da, werden immer mehr und sperren die Mäuler auf."

Darauf wusste Martinus zum ersten Mal nichts zu antworten.

Was gibt es Schöneres, als des Nachts bei einem Mann zu liegen und bei Tage zu arbeiten? Das bevorstehende Fest brachte gute Nachrichten ins Haus. Der Wittenberger Rat wollte 20 Gulden und ein Fass Einbecksches Bier senden. Die Universität wollte ihnen einen wertvollen Becher überreichen, Familie Cranach Tücher und Hausrat schenken, samt einer neuen Truhe. Die schönste Nachricht für Katharina kam vom Kurfürsten selbst: Er überließ dem Paar das Schwarze Kloster, den Hof und die Ställe mit dem Wunsch: „Sie mögen brauen, mälzen, schenken, Vieh halten und andere Hantierungen verrichten."

Ave kam für mehrere Tage zu Katharina, um ihr zu helfen. Es wurde Zeit, dass eine Magd ins Haus kam, denn der Diener Wolf war mürrisch und zu keiner Arbeit zu ermuntern, die Katharina ihm auftrug. Die beiden machten sich daran, kleine Kuchen zu backen, die trocken zu Saft und Tee gereicht wurden. Sie siebten das Dinkelmehl fein und Katharina erhitzte Honig und Butter.

Ave sagte zu ihrer Freundin: „Katharina, du bist jetzt Herrin wie auf einem Schloss. Auch wenn es das dunkelste und kälteste Schloss ist, das ich kenne."

„Und feucht ist es auch", fügte Katharina hinzu. „Die Mauern müssen vollkommen freigelegt werden, um den Schimmel auszutrocknen. Aber dazu muss ich noch viele Schweine verkaufen."

„Du willst Schweine verkaufen?", wunderte sich Ave.

„Ich denke, in zwei Jahren ist es so weit."

Ave schüttelte den Kopf. „Du wirst bald wie Frau Cranach und ich Kinder tragen und Gott danken, wenn du genug Milch hast. Und du planst …" Ihr fehlten die Worte.

„Ich fange ja langsam an", beruhigte Katharina ihre Freundin. „Morgen hole ich die Hühner vom Bauern. Wolf hat schon das Hühnerhaus gerichtet. Aber er hat es nur getan, weil Martinus ihm ins Gewissen geredet hat, dass ich seine Herrin sei, genauso wie er sein Herr sei."

„Du weißt, dass der Hühnerbauer nur zu gerne seine alten Hühner verkauft und dabei noch behauptet, sie würden täglich ein Ei legen. Sie taugen dann gerade noch für die Suppe", warnte Ave ihre Freundin.

Doch diese lachte nur. „Mir dreht niemand ein altes Huhn an. Ich sehe mir die Hühnerfüße an, dann erkenne ich, wie alt sie sind. Ich werde jedem Huhn einzeln die Federn vom Hintern blasen, um zu sehen, ob der After schön weich und flauschig ist. Und ich werde den Bauch abfühlen, ob das nächste Ei bereits da ist. An mir soll sich der Lump die Zähne ausbeißen und die besten Legehennen an mich verlieren." Schmunzelnd fügte sie hinzu: „Den Preis habe ich schon mit ihm ausgehandelt und so getan, als ob mir jedes Huhn recht wäre. Er sagte, ich dürfe mir die Hühner aussuchen. Er dachte sicher, ich würde am Tag kommen und froh sein, überhaupt ein Huhn zu erwischen. Ich komme aber abends, wenn sie sich im Schlaf leicht von der Stange fangen lassen. Von oben such ich sie aus, wie schon die Hackordnung der Hühner die Stärksten festlegt. Der wird fluchen, das schwör ich dir!"

Ave sah mit großen Augen ihre veränderte Freundin an. Dann meinte sie: „Du redest wie ein Mann, Katharina. Du redest vom Wirtschaften wie dein Mann vom Wort Gottes!"

„So kommen wir uns wenigstens nicht in die Quere", lachte Katharina. „Er bekommt ein Löffelchen von meinem Honig und ich einen Vers von König David."

„Habt ihr etwa auch Bienen?", fragte Ave erstaunt.

„Noch nicht", antwortete Katharina. Sie zog ihre mehlige Freundin zum Fenster und zeigte in den Obstbaumgarten. „Da werde ich die Körbe hinstellen. Ich weiß schon, woher ich sie bekomme. Ich warte nur noch, bis sie schwärmen."

Ave blieb der Mund offen stehen.

„Guck nicht so, Ave, wir Zisterzienserinnen haben das doch am besten gelernt. Denk an den heiligen Benedikt. Wir sollen alles selbst erarbeiten in Gottes Garten. Und noch nie waren mir seine Worte so heilig wie heute."

Herr Käthe

Sosehr Luther seine fleißige, entschlossene Frau schätzte, so heftig wurde er, wenn sie wieder kam und Geld brauchte. „Warum sorgst du dich um das Geld? Gott sorgt für die Seinen."

Katharina schätzte den Glauben ihres Mannes, aber ein solcher Trost konnte sie zur Weißglut treiben. „Du bist es, der sich mehr sorgen sollte! Du verlangst kein Geld für die Drucksachen, die andere für viel Geld weiterreichen, du gibst jedem Bettler, der an die Tür klopft, ohne zu überlegen, dass ich in dem Haus ebenfalls die Mäuler stopfen muss."

Die ersten Ehemonate waren geprägt von Kämpfen zwischen zwei sich liebenden Hitzköpfen. Einer wollte den andern für sich zurechtbiegen. Doch Luther machte dem ein schnelles Ende, indem er Katharina drohte, ihr unverzüglich eine Maulschelle zu verpassen, falls sie ihm widersprechen würde.

Er ließ sich darauf ein, mit Katharina über die Ausgaben des Haushalts zu sprechen. Seinen Jahreseinnahmen von 200 Gulden standen mehr als 700 Gulden Bedarf gegenüber. Als er merkte, dass die Ausgaben die Einnahmen um ein Vielfaches übertrafen, überließ er Katharina großzügig die Herrschaft über Haus, Hof und Finanzen. Er nannte sie liebevoll Herr Käthe, weil ihr die gesamte Wirtschaft oblag. Trotzdem ließ er sich nicht davon abhalten, großzügig wegzugeben. Tags darauf bürgte er für hundert Gulden und verpfändete dafür die wertvollen Becher.

„Ich werde mir den Herrn Doktor ziehen, wie es mir gefällt", meinte Katharina noch zu Beginn ihrer Ehe. Er wollte sie ebenfalls erziehen und versprach ihr fünfzig Gulden, wenn sie endlich einmal weniger arbeiten und dafür das Evangelium durchlesen würde.

Es fiel Luther sichtlich schwer, eine Frau zu haben, die ihm nicht immer nach dem Munde redete. Er verbot ihr, ihm in der Öffentlichkeit etwas zu widerlegen. Einmal verkündete er bei Tisch und im Beisein seiner lieben Käthe: „Wenn ich noch einmal freien wollte, würde ich mir ein gehorsam Weib aus Stein hauen."

Sie hatte gelernt, darauf nichts mehr zu sagen.

Der erste Winter war über das neue Heim hinweggezogen und die Glucken saßen auf ihren Eiern, da meldete sich auch anderes neues Leben: Katharina zog die Röcke bis unter den Busen, damit ihr Bauch ungestört wachsen konnte. Sie freuten sich auf den Kindersegen.

Als sie schon hochschwanger war, wurde ein großes Fest gefeiert: Magdalena von Bora, Katharinas Tante, hatte nun auch das Kloster Marienthron verlassen und würde mit im Schwarzen Kloster wohnen. Sie hatte also Wort gehalten, denn in der Osternacht, als Katharina mit den anderen in Koppes Fuhrwerk floh, hatte sie gesagt: „Ich komme nach und werde dann Tante Lene für dich sein."

Der Juni 1526 war so heiß wie ein Ofen zur Weihnachtszeit. Katharina schleppte sich mit kurzem Atem von einer Arbeit zur andern, bis sie sich unter den Wehen krümmte. So schmerzhaft hatte sie es sich nicht vorgestellt.

Tante Lene holte die Geburtshelferin und Frau Cranach. Die folgenden Stunden zogen sich quälend in die Länge. Dann endlich konnten die Frauen lachen und danken, als der kleine Erdenbürger glitschig und brüllend in die Höhe gehalten wurde.

Katharina besah sich wenig später ihren kleinen Finger, an dem sich ein Fäustchen festklammerte. Von dem Tag an wusste sie, was ein Wunder war. Von einer Frau zur Mutter zu werden, war ein weiteres Wunder. Sie sprach den Lobgesang der Maria, wie sie ihn schon oft gesprochen hatte. Maria musste sich genauso gefreut haben und wusste, dass Gott sich zu ihr geneigt hatte.

Tante Lene war glücklich, dass ihre Nichte die Geburt überstanden hatte, und sie spürte den Segen Gottes, der über Mutter und Kind lag. Sie brachte Katharina Brühe und Malzbier, damit die Milch ordentlich zu fließen begann.

Am selben Tag wurde „Luthers Sohn", der kleine Johannes, getauft. Luther nannte ihn nach seinem Paten Johannes Bugenhagen und gleichzeitig war dies der Name seines Lieblingsevangelisten.

Nur zwei Tage später musste Katharina mitten im Sommer den Ofen heizen. Aus Kuhmilch und Getreidebrei kochte sie eine Suppe, mit der sie zufüttern konnte, denn sie hatte nicht genug Milch für Johannes.

Es war wie bei einer Hochzeit: Sie wurden mit Geschenken bedacht und die Besucher kamen ins Haus, allen voran Luthers Eltern. Sie waren stolz auf ihren Enkel und beschlossen, da sie nun alt waren, auch ins Schwarze Kloster zu ziehen. Sie wussten, dort würden sie gut versorgt.

Luther wurde nach der Geburt seines ersten Kindes zum Lobredner auf die Kinder. Er beobachtete das Wesen des kleinen Johannes, den alle Hans oder Hänschen nannten, und nahm ihn als Beispiel für viele Eigenschaften, die ein Christ Gott gegenüber haben sollte. Als er sah, wie geschickt Katharina mit dem Kind umging, während er nicht so sicher zugreifen konnte, war für ihn klar, dass eine Frau für den Haushalt geschaffen war und bei dieser Arbeit auch bleiben sollte. Zum Herrschen sei sie nicht geboren, sagte er.

Wichtig war für Luther auch, dass zwischen Verlobung und Geburt mehr als ein Jahr verstrichen war. Nun konnten sich Freunde und Feinde an den Fingern abzählen, dass sie beide nicht schon vor dem Brautgang gehurt hatten. Alle, die das behauptet hatten, mussten sich nun öffentlich entschuldigen. Viele von seinen Feinden hätten wohl gern eine Missgeburt gesehen. Ein Kind mit zwei Köpfen oder einem Ziegenfuß. Denn abtrünnigen Mönchen und Nonnen stünde nichts anderes zu. Luther freute sich sehr, einen gesunden Sohn bekommen zu haben, und alle Entschuldigungen der Feinde waren ihm eine Genugtuung. Auch der viel beachtete Humanist Erasmus von Rotterdam musste widerrufen. Auch das tat Luther gut, denn er geriet mehr und mehr in Streit mit Erasmus.

Katharina merkte an ihrer Erleichterung, wie sehr sie die bösartigen Äußerungen belastet hatten. „Ihr seid mein rechtmäßiges Eheweib, meine ehrbare Herrin und Hausfrau des Doktor Martinus." Martinus sagte dies immer wieder zu seiner Frau, und sie freute sich jedes Mal von Herzen darüber, gerade so, als ob sie es von allein nicht wissen könnte.

Wenige Monate später, als Katharina dabei war, die getrockneten Erbsen, Bohnen, Äpfel und Pflaumen in die Vorratskammer zu bringen, stand Wolf in der Tür. Er stand einfach da und sah Katharina an. Es war das erste Mal, dass er zu Katharina kam, ohne dass sie ihn rufen musste. Martinus war einige Tage verreist, deshalb blieb ihm wohl nichts anderes übrig, als zu ihr zu kommen. Er stand mit bleichem Gesicht da und schüttelte den Kopf. Katharina bedeutete ihm zu sprechen. Aber sie musste ihn erst mehrmals bedrängen, doch endlich zu sagen, was er zu sagen hätte. Und dann sprach er, langsam und stockend. Zum ersten Mal spürte Katharina in seinen Worten auch die Sorge um sie und ihr Kind.

„Letzte Woche war ich an der Elbe, und da wunderte ich mich, wie am hellen Tag die Ratten ohne Scheu im Kreis tanzten und sich paarten." Wolf machte eine Pause und sprach dann mühsam weiter: „Ich wollte niemanden beunruhigen. Ich habe es niemandem gesagt, gnädige Frau, verzeiht mir."

Katharina war in wenigen Sekunden in kalten Schweiß gebadet. „Sprich weiter", sagte sie, „sag mir alles, was du weißt!"

Wolf senkte den Kopf. „Erst wussten wir nicht, was es war, weshalb gerade der Abdecker und die Bäcker zu husten begannen und sich ins Bett legten. Aber nun kam die Kunde, dass in anderen Städten kaum einer davon aufstehen wird. Die Ratten brachten uns die Lungenpest nach Wittenberg. Das ist, gnädige Herrin, ein elendes Sterben." Wolf machte eine Pause. Er hatte sich seinen Text vorher lange überlegt und sagte weiter: „Ihr hättet es ohnehin bald erfahren. Ich möchte im Namen Eures werten Doktors, dass Ihr Eure Sachen packt und die Stadt verlasst."

Wolf hob den Kopf. Er war erleichtert und erwartete die Anweisungen der gnädigen Frau. Aber Katharina hatte keine Anweisungen für ihn. Wolf wartete.

„Wolf, tu deine Pflicht, wie du sie auch jeden Tag verrichtest."

„Aber Ihr müsst die Stadt verlassen!" Wolf dachte, die gnädige Frau hätte ihn nicht verstanden.

Aber Katharina antwortete fest: „Ich habe hier meine Pflicht zu tun und versorge jeden, der an die Tür klopft. Übrigens, Wolf, hast nicht auch du mich immer spöttisch Heilige Katharina von Siena genannt? Nun, sag mir, ist sie vor der Pest davongelaufen?"

Der Diener wurde ungeduldig und wollte Katharina unterbrechen. Diese sagte jedoch scharf: „Ich werde alles mit meiner Tante durchsprechen. Sie versteht sich auf Krankheiten und die Pest wie sonst niemand hier, denn du weißt, dass sie Siechenmeisterin im Kloster war. Und vergiss nicht, Wolf, die meiste Zeit meines Lebens haben wir im Frauenkloster verbracht. Da war kein Mann und wir wussten doch, wie wir zu entscheiden hatten. Ich bin gewiss, dass es auch so im Sinne meines lieben Doktor

Martinus ist. Er wird bald wiederkommen und du wirst es erfahren."

Woher kommen die Ruhe und die Kraft, wenn allerorten die Angst um sich greift? Katharina vereinbarte mit Tante Lene, Mägde und Knechte für die Zeit der Pest freizustellen. Sie konnten fliehen oder bleiben. Sie suchte Basilius auf und er bestätigte Wolfs Worte.

Lene versprengte Essigwasser im Haus, um die Luft zu reinigen, und wies Katharina an, in keinem Haus, das sie betrat, irgendwelche Kleider zu berühren.

Martinus kam zurück. Jeder Abend, an dem sie nun zu Tisch saßen, war ein Gottesdienst. Sie sangen Lieder, sie beteten. Martinus verkündigte Gottes Kraft. Auch im Angesicht des Todes seien alle von seiner Liebe umgeben. „Es steht doch so in der Bibel: Selbst wenn es sich zutrüge, dass eine Mutter ihr Kind verlässt – Gott lässt niemanden im Stich. Und der Tod ist allemal überwunden."

Bald füllte sich das Haus mehr und mehr. Da waren die Kranken, die von den Angehörigen im Stich gelassen wurden. Sie husteten und gingen, wenn sie noch konnten, im Kreuzgang auf und ab. Sie wurden gesund oder starben. Alle hatten ein Tuch mit Essig- oder Rosenwasser vor dem Mund, um die Keime abzutöten. Das Haus glich einem Spital.

Es kamen nicht nur Kranke. In der Angst wollte niemand allein bleiben. So zog auch Familie Bugenhagen mit ein und brachte noch eine kranke, hochschwangere Schwägerin mit. Manche Besucher blieben für immer bei ihnen. Kinder etwa, die durch die Pest zu Waisen gewor den waren. Sie kamen von einer Frau, die in Katharinas Armen gestorben war. Sie kamen aus der Familie Luthers und aus ihrer eigenen Verwandtschaft. Wer dürfte Nein sagen, wenn die Eltern zuvor ein Ja erbeten hatten?

Der kleine Hans konnte gerade laufen, als Katharina für acht weitere Kinder sorgen musste. Keiner wusste, wie lange die Pest noch wütete. Wie wertvoll wird das Leben, wenn der Tod Tür an Tür wohnt! Täglich dankten Katharina und ihr lieber Doktor Martinus für alle Freunde, die gesund waren. Aber sie dankten auch, dass viele in Frieden sterben konnten.

Martinus schrieb weiter an der Übersetzung der Bibel und seine „über alles geliebte Hausfrau" Käthe besprach es mit ihm. Martinus und Elisabeth Cruciger fanden Lieder, die den Menschen zu Herzen gingen und ihnen zum Leben und beim Sterben halfen. Ein schwerer Schlag war für Luther, als die Schwägerin Bugenhagens ein totes Kind gebar und kurz darauf selbst starb.

Die Tage waren voll Arbeit, und doch fanden Käthe und Martinus Nacht für Nacht eine Heimat beim andern. Sie herzten einander, und Martinus lauschte in der Dunkelheit auf ihren Atem. Er reimte sich zusammen, dass das Küssen nur dazu erfunden worden sei, um einander stillzuhalten, damit die Kinder nicht erwachten.

Katharina erwartete bald ein weiteres Kind. Sie betete beständig, dass die Pest vorher ein Ende haben möge. Luther hatte um Katharina Angst, zu sehr hatte der Tod von Bugenhagens Schwägerin die beiden erschüttert. Sie beteten und hofften täglich auf das Abflauen der Pest. Aber auch am heiligen Weihnachtstag im Jahr 1527 läuteten mit den Glocken zum Kirchgang für andere die Todesglocken. Vier Tage später, während Luther eine Vorlesung hielt, wurde Elisabeth geboren.

„Ich hätte nicht geglaubt, wie viel Freude und Hoffnung das allen im Haus und in der Stadt bereitet", sagte Katharina zu Tante Lene.

„Ja, es ist wie ein Zeichen, dass sich die Zeiten ändern werden", erwiderte sie.

Katharina sorgte sich besonders um Elisabeth, denn sie war so klein und suchte jede Stunde nach Nahrung, da sie nie viel trinken konnte.

Katharina und Martinus führten gemeinsam einen Kampf gegen die Gleichgültigkeit der Bürger, die sich gegenüber den Kranken eingestellt hatte. Wer wollte schon einen Pestkranken pflegen und begraben? Zusammen mit dem Stadtrat und Geistlichen kümmerten sie sich darum, dass ein Friedhof vor der Stadt eingerichtet wurde. Es wurde angeordnet, erkrankte Schweine in die Elbe zu werfen, denn die Pest hatte auch auf die Tiere übergegriffen.

„Nun fährt der Teufel in die Säue, gerade wie es auch in der Bibel steht. Bald sind wir die Pest los. Glaub mir, liebe Käthe."

Aber wenn Martinus so sprach, dachte die liebe Käthe: Nicht meine Schweine, lieber Herrgott, bitte nicht meine Schweine! Drei Muttersäue, einen Eber und vierzehn Jungsauen hatte sie. Die wollte sie behalten! Beim Anblick der aufgedunsenen, stinkenden Schweine, die in der Elbe trieben, drehte sich ihr der Magen um.

Dann hieß es, die Pest sei vorbei. Sie war auch für alle

vorbei, außer für Katharina. Während andere wieder nach Wittenberg zurückkehrten und sich neue Familien zusammentaten, fielen in Katharinas Saustall innerhalb von drei Tagen zwei Muttersäue, der Eber und fünf Ferkel um. Katharina wies Wolf an, die Tiere in die Elbe zu schaffen. Gott hatte ihr Gebet nicht erhört! Hatte Martinus zu sehr gebetet, dass der Teufel auch in ihre Säue fahren solle, um die Pest zu bannen? Ihr war unwohl bei solchen Gedanken und sie wollte bei Tante Lene beichten. Doch die meinte nur: „Pest ist Pest! Die Teufel sollen in der Hölle bleiben, wo sie hingehören!"

Elisabeth wurde von allen herumgetragen. Hänschen zeigte auf seine kleine Schwester und sagte stolz: „Elli, meine Elli!" Er wollte seiner Schwester zeigen, wie man die Hände faltet und was sie mit den Beinen anstellen sollte, damit sie endlich laufen konnte. Aber Elisabeth hat nie das Laufen gelernt. Als sie ein halbes Jahr alt war, wurde sie schwächer und schwächer und hörte eines Nachts einfach auf zu atmen.

Nun war für Katharina eine Schmerzgrenze erreicht, von der sie dachte, sich nie wieder zu erholen.

„Ich kann nicht die Hände falten, wenn ich sie zu Fäusten ballen will", sagte sie zu Martinus, als sie das tote Kind noch segnen wollten.

„Bete für mich mit", sagte sie zu ihrem Mann. Zum ersten Mal wollte Katharina nur noch weinen und nichts essen. Luther wunderte sich, dass auch er wie seine Frau bewegt war, und tröstete sich damit, dass seine Tochter nun bei ihrem wirklichen Vater war.

„Hier ruht des lieben Martinus Töchterlein", ließ er auf den Grabstein schreiben.

„Es war so wunderbar, eine Tochter zu herzen", sagte Katharina zu Ave, die bereits ihrer Tochter kleine Zöpfe flechten konnte. Ave umarmte und tröstete ihre Freundin, die nicht wusste, dass bereits walnussgroß ein Mädchen in ihr zu wachsen begann.

Magdalene wurde im Mai geboren. Luther bat seinen Freund Amsdorff, das Patenamt zu übernehmen. So trafen sich über dem Taufbecken die alten Freunde wieder. Nun konnte Katharina über die Zeit lachen, als sie zu Amsdorff laufen musste, um nicht den grässlichen Kaspar Glatz heiraten zu müssen.

Magdalene kam mit dunklen, fingerlangen Haaren zur Welt, die gleich nach der Geburt zu einer Rolle gebürstet werden konnten. Sie brüllte lautstark, als sie auf Mutters Bauch lag, und niemand hatte so etwas seither gesehen: Sie robbte sich hoch, bis sie Mutters Brust gefunden hatte, dann erst war sie zufrieden. Es war die einzige Art, das Mädchen still zu halten. So brüllte Magdalene auch während ihrer Taufe lauter, als Amsdorff den Segen sprechen konnte.

„Sie schlägt ganz nach der Mutter", lästerte er den Eltern gegenüber.

Katharina war nicht müde von der Geburt und dem Kirchgang. Mit dem Kind an der Brust und der Kinderschar im Schlepptau zeigte sie dem neuen Kind die Kühe und Schweine, die Hühner und Ziegen, blühende Apfelbäume und die neu angekommenen Schwalben. Katharina fand es völlig normal, an dem Tag noch die

Kürbispflanzen einzugraben und den Riesenrettichsamen aus Nürnberg in die feinkrümelige Erde zu legen. Hänschen konnte schon angießen. Er hätte auch gern seine Schwester ein wenig angegossen, damit sie schnell groß wurde, aber dafür gab es von drei Kindern gleich was auf die Finger. Deshalb flüchtete er sich zu dem lieben neuen Haushund Tölpel, seinem allerbesten Freund.

Katharina war wieder zu Scherzen aufgelegt. In der Frühe, wenn sie wie üblich als Erste aufstand und mit flinken Augen in alle Winkel schaute, sang sie und versuchte, niemanden dabei zu wecken. Sie bereitete die Milchsuppe zu, die am Morgen heiß zu einem Stück Brot gegessen wurde. Nebenbei rührte sie eine frische Salbe aus Benediktenwurzel, Salbei und Arnika für ihren Mann. Luther hatte schon lange ein Geschwür am Unterschenkel, das nicht heilen wollte. Zudem litt er häufig unter Ohrensausen und Schwindel.

„Meine größte Sorge gilt meinem lieben Martinus", sagte Katharina zu Tante Lene. Die beiden Frauen und die Ärzte hatten viel Kummer mit Luthers Gesundheitszustand. Zu der Enge in der Brust, die auf ein krankes Herz schließen ließ, gesellten sich zeitweise schlimme Unterleibskrämpfe. Manchmal endeten die Schmerzen erst, wenn sich ein Blasenstein löste. So verbrachte Luther in den folgenden Jahren oft Stunden und Tage, an denen er dachte, er würde nicht wieder aufstehen können. Freunde, Ärzte und vor allen Dingen Katharina mühten sich, dem leidenden und schwermütigen Mann Erleichterung zu verschaffen.

„Es ist der Teufel, der mit mir spottet. Der will mich gar vernichten. Bald werde ich wohl von Euch gehen, meine herzliebste Käthe", seufzte er.

Es war nicht das letzte Mal, dass Luther dachte, sein letztes Stündlein habe geschlagen. Katharina flehte ihn an – nicht um ihretwillen, sondern um der Menschen und seines Werkes willen –, nicht für immer die Augen zu schließen. Mehr als allen andern galt ihre Fürsorge und Aufmunterung ihrem lieben Mann.

„Ich bin ein schlechter Christ", vertraute er seiner Käthe an. „In Euch, liebes Weib, habe ich mehr Vertrauen als in den Heiland selber."

„Vergesst nicht, dass es der Herr war, der uns zusammenführte. Lobt Ihr mich, so dankt Ihr Gott damit", beruhigte sie ihren Mann.

„Lenchen, Lenchen, wo bist du?" Magdalene konnte schon laufen und wurde von den Studenten, die im Haus wohnten, prächtig unterhalten. Sie spielten Verstecken. Lenchen hielt sich die Augen zu und war unsichtbar. Selbst wenn Tölpel um sie sprang und bellte, war sie doch nicht da. Die jungen Männer stupsten Lenchen an, aber das bedeutete gar nichts. Erst wenn Lenchen zwischen den Fingern hindurchblinzelte, war das Spiel zu Ende.

Katharina fand in ihren Gästen die besten Hüter ihrer Kinder. Luther achtete jedoch streng darauf, dass seine Kinder nicht verzärtelt wurden, und wies seine Frau an, strenger mit ihnen zu verfahren. Doch Katharina tat, was sie für richtig hielt. Sie lobte und tadelte alle in dem großen Haushalt und unterband, dass jemand unnütz herumstand oder Unfrieden stiftete. Wie viel sie trotzdem allein zu bewältigen hatte, schrieb sie in einem Brief nieder:

Ich muss mich in sieben Teile zerlegen und an sieben Orten zugleich sein. Ich bin 1. Ackerbürgerin, 2. Bäuerin, 3. Köchin, 4. Kuhmagd, 5. Gärtnerin, 6. Winzerin und Almosengeberin an alle Bettler zu Wittenberg, 7. aber bin ich die Doktorissa, die sich ihres berühmten Gatten würdig zeigen soll und mit 200 Gulden Jahresgehalt viele Gäste bewirten soll.

Luther musste für mehrere Monate auf die Feste Coburg reisen. Katharina packte ihm Bier, Wein und Arzneien ein. Um seine Frau zu unterstützen, bestellte Luther Hieronymus Weller ins Haus. Zugleich sollte er die Kinder unterrichten. Hänschen war bald fünf Jahre und es wurde Zeit, dass er ordentlich studierte.

Katharina freute sich, einen intelligenten und gut gelaunten Helfer zu haben. Sie konnte in der Zeit uneingeschränkt ihre Pläne vorantreiben und freute sich doch über jeden Brief, den ihr Mann schickte. Es war eine Freude, einen Mann zu haben, der so unermüdlich schrieb. Traktate, das Wort Gottes, Abhandlungen … und Briefe, Briefe ohne Zahl. Katharina hatte immer zu lesen und kam kaum nach, mit ihrem Mann auch alles zu besprechen.

Die Briefe an sie, die „herzliebste Ehefrau, Katharina zu Wittenberg, Herrn Käthe, Luthers liebstes Eheweib", waren für sie ein Ansporn, auch in Abwesenheit des Mannes für ihn zu leben.

Sie las die Briefe nicht nur einmal. Sie freute sich über seine Grüße von all denen, die er traf. So war es auch die theologisch gebildete Argula von Grumbach, die sich trotz Ehe und Frausein in die Politik mischte. Luther grüßte von ihr und gab ihren Rat weiter, Lenchen langsam abzustillen, indem langsam die Mahlzeiten verringert würden, damit die Milch ausbliebe. Er schrieb, wie er in den Nächten schlief. Meist war sein Schlaf so gut wie das Bier, das er als Medizin zu sich nahm. Er schrieb ihr von seinen Beschwerden und Ängsten und verbot ihr jede noch so berechtigte Sorge um ihn.

Katharina schrieb ihm zurück, wie er es liebte, und berichtete vom Haus und von den Kindern.

Katharina verstand sich immer besser aufs Bierbrauen und bald konnte sie aus den Verkäufen Gewinn schöpfen. Das war auch nötig, weil die meisten Gäste umsonst versorgt wurden. Das Kostgeld der Studenten mahnte sie jedoch energisch an. Es war zwar abgesprochen, aber die Burschen drückten sich nur zu gerne darum.

Ruhe fand Katharina nur, wenn sie in den Gärten war. Dann konnte sie der alten Klosterregel „Ora et labora" (bete und arbeite) folgen. Sie erntete Kräuter, hegte die Reliquienpflanzen Wein, Salbei, Lorbeer und Maulbeerbaum und versorgte den Haushalt mit eigenem Gemüse.

Bald nach Luthers Heimkehr musste er seinen Vater begraben. Die Mutter folgte ihrem Mann bereits ein Jahr später. Luther trauerte sehr und Katharina stand ihm bei, so gut sie konnte. So ist es also, wenn man um Eltern trauert, dachte sie.

Doch bei allem, was geschah, das Leben brachte so viel Veränderungen mit sich, dass keine Zeit zum Grübeln blieb. Doktor Martinus hatte das Evangelium fertig übersetzt und nun wurde es von Wittenberger Theologen überarbeitet.

Katharina wollte gern noch einen größeren Acker bebauen und lag Martinus Tag und Nacht in den Ohren. Schließlich konnte er es nicht mehr hören und kaufte ihr einen großen Garten vor dem Elstertor. Außerdem bekam sie den Garten am Zahnischen Weg, in dem sich sogar Fischteiche befanden. So brachte Katharina nun Hechte, Schmerlen, Forellen, Kaulbarsche und Karpfen auf den Tisch. Sie war gerührt über das Zugeständnis ihres Mannes. Er hatte siebzehn Gulden aus dem Kirchenkasten leihen müssen, um die Gärten zu erwerben.

Katharina und Martinus besprachen zusammen, welche Baumaßnahmen am Schwarzen Kloster dringend nötig waren. Sie begannen mit dem Keller, damit das Haus endlich trocken würde. Obwohl sie viele Helfer hatten, packten auch Katharina und Martinus kräftig mit an. Dass sie beim Einsturz einer Mauer mit dem Leben davonkamen, sprach sich bald überall herum. Alle sahen darin eine erneute Bewahrung Gottes.

Familie Luther bekam noch drei Kinder. Im November 1531 gebar Katharina nach langen, schlaflosen Nächten und Fieber den kleinen Martin. Im Januar 1533 kam Paul zur Welt – am Geburtstag seiner Mutter. Knapp zwei Jahre später in einem der kältesten Winter wurde Margarete („Maruschel") geboren.

Selbstverständlich waren die Kinder willkommen und wurden liebevoll und fromm erzogen. Martinus war jedoch zu den Buben strenger als zu den Mädchen, und Katharina taten die Jungs in ihrem zarten Wesen leid. So wurde der kleine Hans, der noch ein richtig kleines Spielkind war, ständig zum Beten und Lernen ermahnt. Mit sieben Jahren schrieb sein Vater ihn bereits in der Universität ein.

Frau Cranach und Frau Bugenhagen waren für Katharina eine große Hilfe, denn die Waisenkinder waren inzwischen zu jungen Männern und Frauen herangewachsen, die eigenwillige Wege einschlugen. Die Frauen standen sich mit Rat und Tat zur Seite. Sie alle hatten ihre liebe Not mit der Erziehung ihrer Kinder. Die großen Jungs sollten sich an dem kleinen Hans ein Beispiel nehmen, brav zu lernen, und Katharina musste die Mädchen in Schach halten, da sie noch zu jung zum Heiraten waren. In Wittenberg trafen sich nämlich junge Studenten, um ihren Doktorschmaus zu feiern, oder es hielten sich entlaufene heiratswillige Mönche auf. Das verdrehte den Mädchen nur zu leicht den Kopf. Auch die Frau Melanchthons hatte ihre liebe Not mit ihrer ältesten Tochter, deren Herz sich bald an diesen, dann an jenen verlor.

Katharinas Erziehungsmittel bestand darin, die Halbwüchsigen zu beschäftigen. So beauftragte sie zum Beispiel Else und Lene, die mit im Schwarzen Kloster wohnten, zum nächsten Wochenende die jungen Hähne zu schlachten.

„Traut ihr euch das zu?", fragte sie.

„Ja, natürlich!", war die Antwort. „Wir haben doch sonst auch immer mitgeholfen."

„Bindet euch die Schürzen aus dem Stall um", erinnerte Katharina noch.

Am nächsten Morgen versprachen die Mädchen hoch und heilig, sie würden an einem Tag alle vierzehn Hähne schlachten. Katharina war erleichtert, denn sie musste noch zu ihrer liebsten Freundin Elisabeth Cruciger. Diese war krank geworden, und da sie nun in Wittenberg wohnte, konnte Katharina ihr beistehen.

Als Katharina am Abend in die Ställe schaute, wunderte sie sich: Da saßen ja noch die schlachtreifen Hähne! Fast alle Hähne hockten auf der Stange, nur einer von ihnen saß aufgeplustert und jammervoll auf dem Boden in der Ecke. Ihm fehlten der Schwanz und ein Flügel. Katharina konnte sich das nicht erklären, denn die Mädchen quälten keine Tiere. Sie suchte die beiden und fand sie umringt von andern, wie sie ihr großes Abenteuer erzählten: „Der Hahn wehrte sich wie ein Teufel. Fünfmal schlug ich kräftig auf ihn ein", prahlte Else, „aber ich traf nur den Schwanz und einen Flügel."

„Gott sei gelobt, dass ich noch alle Finger habe", seufzte Lene, „denn ich habe den Teufel an den Füßen gehalten."

Katharina hatte genug gehört. „Morgen werdet ihr beide lernen, wie man den Teufeln den Garaus macht! Ihr werdet gemeinsam mit Wolf und der Magd eure Pflicht tun … und dabei gibt es keine Zuschauer, die euch bewundern. Keinen Ton will ich über eure Pflicht hören.

Einzig die sauber gerupften Hähne, so ihr dessen fähig seid, werden euch preisen. Die Gockel werden morgen vor die Küche gehängt, damit jeder sehen kann, was und wie ihr schafft."

Die Mädchen duckten sich unter den Anweisungen. Das würde kein Spaß werden, mit Wolf und der Magd zu arbeiten.

„Und nehmt als Erstes den armen Teufel, der auf dem Boden hockt, wenn er die Nacht überlebt."

Zu Martinus sagte Katharina später: „Nicht nur die Jungen, auch die Mädchen müssen etwas haben, worin sie sich beweisen müssen und sehen können, dass sie gut sind."

Fortan mussten abends nicht nur die Jungen, sondern auch die Mädchen aufsagen, was sie gelernt hatten. Niemandem blieb der Angstschweiß erspart, vor anderen sein Wissen mitzuteilen. Martinus schrieb ein Krippenspiel, in dem jedes Kind eine eigene Rolle bekam. Und die, die den „Teufel" an den Füßen gehalten hatte, sollte den Engel spielen. „Vom Himmel hoch, da komm ich her …", hatte sie zu lernen.

Lene sagte am Heiligen Abend zum Christuskind (das war Paul, der aber nicht recht liegen bleiben wollte): „Bist uns willkommen, edler Gast, den Sünder nicht verschmähet hast …"

An dem Abend hatten die Kinder ihren großen Auftritt. Denn alle, die mitspielten oder sonst noch zugegen waren, umkreisten am Ende die Krippe und sprachen:

Davon ich allzeit fröhlich sei,
zu springen, singen immer frei,
das rechte Susannine (Wiegenlied) schön,
mit Herzenslust und süßem Ton:

Lob, Ehr sei Gott im höchsten Thron,
der uns schenkt seinen ein'gen Sohn,
des freuen sich der Engel Schar,
und singen uns solch neues Jahr.

Elisabeth Cruciger war angetan von der Aufführung der Kinder und wünschte sich, dass das Ereignis in die Kirchenbücher aufgenommen werde. Nicht nur in die Häuser, nein, in die Kirche sollte die Erinnerung an die Geburt des Heilands von den Kindern getragen werden. Luther verstand sehr wohl, was Elisabeth damit meinte. Auf seinen Wunsch hin führten die Kinder das kleine Theater zur Geburt Christi auch noch in der Kirche auf, als die Familien zur Weihnachtspredigt kamen. Alle erzählten begeistert von der Darbietung der Kinder.

In den folgenden Jahren wurden in vielen Kirchen Krippenspiele aufgeführt. Die Kinder verwandelten sich für ihren Auftritt in Hirten, Könige aus dem Morgenland, Maria, Josef oder gar in einen Esel. Auch die Kleinsten ließen sich gerne als Engel verkleiden und hatten damit eine wichtige Rolle, obwohl sie nur brav dabeistehen mussten. Manch verlauster Junge kam an dem Tag als armer Hirte zu großen Ehren. Die Kinder begriffen, was es bedeutete, ganz dicht beim Jesuskind stehen zu dürfen.

Elisabeth Cruciger nahm leise Abschied. Katharina besuchte ihre kranke Freundin noch oft; sie sprachen dann miteinander wie früher, als sie noch keine Familien hatten.

„Gott war das Licht auf meinem Weg, Katharina, und ich sehe schon ein großes Feuer, ein Freudenfeuer, das mit nichts zu vergleichen ist." Katharina verstand nicht die Worte der sterbenden Frau, aber sie sah das Leuchten in deren Augen. Elisabeth hatte fast ein schlechtes Gewissen, die andern zurückzulassen und doch so froh zu sein.

Zwei Tage später schloss Katharina Elisabeths offene Augen. „So ist heute meine Schwester gestorben", klagte sie Ave. „Denn wir waren im gleichen Geist verbunden."

Am Grab sangen sie Lieder, die Elisabeth selbst gedichtet hatte. Es war fast, als ob sie nicht mehr im Sarg läge, sondern mit ihrem Wesen überall dort war, wohin ihre Stimmen drangen. Katharina freute sich, dass ihre kleine Tochter Elisabeth, die ebenso still gestorben war, nun nicht mehr allein war. Die Namensschwestern hatten sich gewiss gefunden. Sie sprach nicht über diesen Gedanken, weil Martinus das sicher unwichtig gefunden hätte, aber sie spürte immer wieder Elisabeths Gegenwart und fühlte sich dann nicht verlassen.

Als Martinus wieder einmal auf Reisen war, beschloss Katharina, ihren Mann bei der Heimkehr zu überraschen. Wenn er zu Hause war, saß er meistens in seiner dunklen, kalten Stube und schrieb oder diktierte. Diesem Frieren und dem schlechten Licht wollte sie ein Ende bereiten. Sie ließ für ihren lieben Mann in seinem

Zimmer einen Ofen mit einer Bank einbauen. Außerdem wurde eine Wand zur Elbe hin durchbrochen, um ein Fenster und damit mehr Licht im Haus zu haben. Am Ende wurde auch noch eine Badestube eingerichtet. So wurde aus dem ehemaligen Kloster eine richtig gute Unterkunft.

Luther lobte seine Frau, die aus dem dunklen Haus ein Paradies gemacht hatte.

Schwere Jahre

1537–1540

Für Katharina und Martinus begann mit dem Jahr 1537 eine schwere Zeit. Manchmal ging einfach alles über ihre Kräfte.

Da war die Arbeit in Haus und Garten. Doktor Martinus hatte Vorlesungen und Gottesdienste zu halten. Allerdings litt er oft unter Schwindel bis hin zur Ohnmacht, sodass er manche Verpflichtung absagen musste. Teilweise hatte er Ohrensausen und starke Kopfschmerzen und musste seine Texte diktieren. Viele Theologen, Adelige und Bürger kamen, um von ihm Streitigkeiten schlichten zu lassen. Durch die Heirat der Pastoren und den Wegfall des Sakraments der Eheschließung erhob sich nun die

Frage, wann eine Ehe als rechtsgültig zu betrachten sei und welche Gründe zur Trennung der Eheleute ausreichten.

Neben allen diesen Aufgaben war die eigene Familie zu versorgen. Fünf eigene Kinder mussten erzogen werden; hinzu kamen ebenso viele fremde Kinder, die mit im Haus lebten. Die Erwartungen von Studenten und Freunden, möglichst kostenfrei ihre Hochzeit oder den Doktorschmaus bei Luthers abhalten zu können, hatten überhandgenommen, zumal die Kreise immer weiter gezogen wurden. Immer öfter hieß es, Frauen und Kinder sollten zu Hause bleiben, weil der Platz zu knapp sei und die Feier sonst unbezahlbar würde.

In der Zeit legte sich Katharinas Stütze und Ratgeberin, Tante Lene, auf das Totenbett. Katharina begann schon lange vor ihrem Tod um die Tante zu trauern. Sie wusste im Voraus, wie sehr sie ihre Tante vermissen würde und dass es ihr nicht helfen würde, sie im Himmel zu wissen. Und wieder bewies ihr lieber Gatte seinen Glauben und seine Stärke, indem er Tante Lene beistand und ihr bei Zweifeln und Ängsten Trost zusprach. „Allein deshalb könnt ich Euch schon lieben, wie Ihr meine Familie zu Eurer macht und ihnen nah sein könnt", sagte Katharina.

„Aber ich habe Euch, Käthe, eine noch größere Last aufgebürdet", entgegnete Doktor Martinus. Und er hatte recht, denn die kranke Kurfürstin von Brandenburg ließ sich im Schwarzen Kloster pflegen. Sie war vollkommen verwirrt und so musste Katharina ihre Nächte an deren Bett verbringen, um sie ruhig zu halten.

Als auch noch die Tochter der Kurfürstin um Quartier bat, schlug Luther ihre Bitte aus. Es war ihm einfach zu viel, den anspruchsvollen Leuten Gastgeber zu sein.

Kurz nach Tante Lenes Tod, der auch die Kinder sehr bewegte, kam Frau Cranach mit verweinten Augen ins Schwarze Kloster. Katharina reichte ihr Brot und Wein, und sie erzählte, dass ihr ältester Sohn in Bologna gestorben sei. Für manchen Tod gab es keinen Trost, aber die Frauen und Familien, die über dem Wort Gottes zusammengefunden hatten, gaben sich Halt und ließen den andern nicht allein. Nie wurde jemand, der Hilfe brauchte, im Gebet vergessen.

An diesem Abend beteten alle Kinder – Hans, Lenchen, Martin, Paul und Maruschel – um Gottes Segen für Familie Cranach. Paul wusste zwar nicht, worum es ging, und Maruschel konnte nur nachplappern, aber ihre Gesichter waren so ernst wie die der Brüder und Lenchens.

Die Pflege der Kurfürstin war so anstrengend, dass Katharina Tag und Nacht auf den Beinen war. Luther machte sich große Sorgen, wie es weitergehen sollte. Er wollte die Kurfürstin gern in einer anderen Pflege wissen, wollte aber seinen Freund und Gönner, den Kurfürsten, nicht enttäuschen. Doch durch Nachfragen und seine guten Kontakte fand er eine respektable Unterbringung für die Kurfürstin auf der Burg Lichtenberg. Wie es seine Art war, schob er die unbequeme Frau nicht einfach ab, sondern besuchte sie regelmäßig und stand ihr geistlich bei.

In dieser unruhigen Zeit, als Käthe nicht wusste, woher sie die Zeit und vor allem die Kraft nehmen sollte, begann ihr Mann mit der Übersetzung der Psalmen. Einmal meinte er zu ihr, er übersetze gerade einen Psalm, der ihm bestimmt von den Engeln gesagt worden sei. Er gab Katharina die Verse und sie las:

> *Der Herr ist mein Hirte,*
> *mir wird nichts mangeln.*
> *Er weidet mich auf einer grünen Aue*
> *und führet mich zum frischen Wasser.*
> *Er erquicket meine Seele.*
> *Er führet mich auf rechter Straße*
> *um seines Namens willen.*
> *Und ob ich schon wanderte im finstern Tal,*
> *fürchte ich kein Unglück;*
> *denn du bist bei mir,*
> *dein Stecken und Stab trösten mich.*
> *Du bereitest vor mir einen Tisch*
> *im Angesicht meiner Feinde.*
> *Du salbst mein Haupt mit Öl*
> *und schenkst mir voll ein.*
> *Gutes und Barmherzigkeit*
> *werden mir folgen mein Leben lang,*
> *und ich werde bleiben*
> *im Hause des Herrn immerdar.*

Katharina las die Verse wieder und wieder. Sie sah ihr Leben vor sich und wusste, dass jedes Wort für sie wahr geworden war. Sie konnte jeden Vers mit eigenen Beispielen belegen und staunte darüber. Da fasste sie einen Entschluss: Sie rief alle Kinder zusammen und ging mit der Schar aus der Stadt und über die Felder bis zum Hirten, der dort Schafe und Ziegen hütete.

„Seht euch die Schafe an", sagte sie. „Mehr brauchen wir nicht zu tun bei Gott, als bei seiner Herde zu bleiben und uns führen zu lassen." Dann fragte sie jedes Kind einzeln: „Weißt du, was das für dich bedeutet?" Sie fragte eindringlich und gab erst auf, als jedes Kind wusste, dass es einen Hirten im Himmel hatte.

Katharina konnte es nicht erwarten, Martinus von ihrer Freude über den Psalm zu berichten. Er saß schon wieder mit anderen zusammen, aber sie übersah das Verbot, ihn bei der Arbeit zu stören, und platzte heraus: „Martinus, diese deine Worte leben! Sie haben Hände und Füße. Sie sind Licht und Feuer."

Martinus freute sich darüber und hoffte, seine Käthe würde ihm dann auch den kaputten Mantel nachsehen, den er mit nach Hause gebracht hatte.

„Schau, Mutter, ein kranker Hase!" Kaum dass Katharina aus der Stube ihres Mannes trat, zerrten die Kinder an ihr und zogen sie in den Garten zu einer großen Kiste, um die schon Tölpel bellend herumsprang.

Hieronymus Weller erzählte die dazugehörige Geschichte: „Der Herr Doktor musste wieder, weil es von ihm erwartet wurde, mit zur Jagd. Da er daran jedoch keinen Gefallen fand, saß er bald ab, nachdem die anderen auseinandergesprengt waren, band sein Pferd fest und verlief sich im Wald. Da hörte er die Hundemeute heranhetzen und sah, wie sie sich auf einen Hasen stürzten. Voller Mitleid ergriff er das arme Tier und verbarg es unter seinem Mantel. Die Hunde wollten jedoch vom Hasen nicht lassen und zerfetzten noch den Mantel des frommen Herrn."

Die Kinder waren ganz aufgeregt. Erst die Lektion mit der Schafherde und nun ein geretteter Hase!

Bei Katharina blieb vor allem „der zerfetzte Mantel" im Gedächtnis haften und sie machte sich auf die Suche nach dem guten Stück. Ihr Mann musste wahrlich ein Held und Narr zugleich gewesen sein, denn es war keine Seite an dem teuren Tuch heil geblieben. Nun sollte sich der Doktor doch einmal den Kopf zerbrechen, ob der Hase gegessen werden konnte oder nur wieder ein weiterer Esser sein sollte.

„Wir werden ihn wohl am besten ein wenig pflegen und dann laufen lassen, wie ein Sünder wieder seine Freude erlangen soll", schlug sie ihrem Mann vor.

„Ihr seid wahrlich nicht nur meine Herrin, nein, Ihr seid auch die beste Predigerin zu Wittenberg", lobte Martinus seine Frau.

Katharina und Ave verband nicht nur ihre gemeinsame Klosterzeit und der Hausfrauenstand. Sie besprachen sich auch wegen der Gesundheit ihrer Männer. Obwohl Aves Mann Basilius wesentlich jünger war als Luther, war er durch seine Arbeit als Apotheker vielen belastenden Prozeduren ausgesetzt. Denn was den Menschen Heilung brachte, machte Basilius und seine Helfer krank. Stellten sie Laudanum her, ein Beruhigungs- und Einschlafmittel, so mussten sie sich abwechseln, weil der Gebrauch des Opiums zu einer ständigen Schlafsucht führen konnte. Auch beim Pulverisieren von Kantharidenkäfern entwickelte sich ein so penetrant scharfer Geruch, dass Haut, Augen und Lungen angegriffen wurden. Oft waren Basilius' Augen entzündet. Er litt an Atemnot und erbrach sich. Selbst bei der Herstellung des wohlriechenden Rosenwassers, das zum Beleben und Desinfizieren benötigt wurde, entstanden Ausdünstungen, die starke Kopfschmerzen und Schwindel verursachten. Vom Trockenextrakt der Tollkirsche bekam Basilius Schwindelanfälle und vom Geruch der Eibe und des Nussbaums bekam er Erbrechen, genau wie seine Gesellen.

Basilius hielt diese Wirkungen in einem Buch fest und suchte nach Möglichkeiten, der Gefahren Herr zu werden. Er fand heraus, dass gläserne Masken das Gesicht schützten, und die Mörser wurden mit Leder abgedeckt, damit die giftigen Dämpfe nicht aufsteigen konnten. Er besprach sich mit der Apothekerzunft, und bald wurden Lüftungen eingebaut.

Martinus wie auch Basilius, die sich auf das Heilen von Leib und Seele der anderen so gut verstanden, waren selbst zu Bedürftigen geworden. Ihre Frauen lebten in ständiger Sorge um sie. Einen schlimmen Anfall hatte Luther, als er im Februar 1537 auf Reisen war. Er konnte acht Tage kein Wasser lassen. Die Ärzte fühlten sich hilflos. Seinem Freund Melanchthon standen die Tränen in den Augen, als er seinen Freund so leiden sah. Die Ärzte versuchten es mit Mandelmilch und griffen in ihrer Not zu Knoblauch und Rossmist.

Luther wollte fort aus Schmalkalden, er wollte im kursächsischen Gebiet sterben. So wurde für seinen Transport extra ein kupfernes Kohlebecken angefertigt, damit man auch unterwegs warme Tücher für den Kranken hatte.

Luther sorgte sich vor allem um seine Frau und die Kinder. Er befürchtete, dass sich nach seinem Tod der ihnen feindlich gesonnene Wittenberger Stadtvogt an der Familie rächen würde. Wenn sich nur Amsdorff seiner Käthe annehmen würde! Der Kurfürst selbst versicherte jedoch Luther vor dem Aufbruch, er solle sich um Weib und Kinder nicht sorgen. „Denn Euer Weib soll mein Weib sein und Eure Kinder sollen meine Kinder sein."

Der Kurfürst war ein unsichtbarer Schutzengel; Luther konnte sich auf sein Wort verlassen. Dass dieser Schutzengel jedoch sterblich war, sollte Katharina Jahre später bitter erfahren.

Als Luthers Briefe seine Frau erreichten, spürte sie, wie ernst es um ihn stand. Während Martinus in die Kutsche getragen wurde und es sich trotz aller Schmerzen nicht nehmen ließ, noch das Kreuzzeichen zu schlagen und allen Umstehenden zuzurufen: „Der Herr erfülle euch mit Segen und auch mit Hass auf den Papst", setzte sich in Wittenberg Katharina auf den Kutschbock und reiste ihrem Mann entgegen.

Luther wurde von Glaubensbrüdern, darunter Bugenhagen und Spalatin, und einem Arzt begleitet. Die Reise war mühsam. Zwei Männer mussten neben dem Wagen hergehen, damit es den Kranken nicht so durchschaukelte. So kamen sie am ersten Tag nur fünfzehn Kilometer voran. Durch die Erschütterung der Fahrt, die die Männer zu vermeiden suchten, lösten sich jedoch die Blasensteine – und an den folgenden Tagen ging es Martinus noch nicht gut, aber zunehmend besser.

Mit ganz anderem Tempo reiste Luthers Käthe. Sie, die sonst das Wohl der Pferde im Blick hatte, gab ihnen die Peitsche und ließ sie nur zum Saufen und Fressen anhalten. Unterwegs kamen ihr Gerüchte zu Ohren: Der Aufwiegler der Kirche sei bereits tot; er würde zur letzten Ruhe nach Hause geleitet.

Aber er war nicht tot! Todkrank war er, wahrhaftig. Aber Käthe hatte ihn lebendig wieder, und darüber konnten beide für einen Augenblick lachen.

„Käthe, mir half nicht diese oder jene oder gar Eure eigene Arznei, einzig die Gebete haben mir geholfen", sagte er eindringlich zu ihr.

Katharina ließ ihren Mann reden, was er wollte. Sie war so froh, ihn wiederzuhaben. Er würde ihren Holundersirup schlucken müssen, ehe er zum Bier griff.

Es ist etwas Seltsames, wenn man dem Weib verbietet zu reden. Käthe durfte manches nicht mehr sagen, weder in der Öffentlichkeit, noch wenn sie mit ihrem Mann allein war. Aber Luther wusste inzwischen zu gut, was seine Frau dachte. Und er hörte ihre Worte deutlich, auch wenn sie schwieg. Am schlimmsten war ihre Einstellung seinen Anfechtungen gegenüber. Er wusste genau, dass es der Teufel war, der ihn marterte. Aber dieses Weib sagte oder dachte: „Es ist nicht der Teufel, es ist Euer schwacher Körper." Diesen Satz hatte sie von Tante Lene. Sie sagte ihn damals, als Katharina aus dem Kloster fliehen konnte, selbst aber nicht mitkonnte, weil sie krank war. Ihm war aber klar, dass der Teufel ihn davon abhalten wollte, zu reisen, zu predigen und zu schreiben. Diese seine Frau wollte seinen Kampf nicht begreifen, obwohl sie ihn doch umsorgte und Tag und Nacht für ihn betete.

Sie liest zu wenig in der Heiligen Schrift, dachte er kopfschüttelnd.

Katharina wunderte sich oft über ihren geliebten Mann. Den Anfeindungen des Teufels, der ihn in der Nacht vom Schlaf abhalten wollte, begegnete er mit reichlich gutem Bier. Somit war für ihn das Bier- und Weintrinken eine höhere Art des Fastens. Wenn er betrunken war, was Katharina aufs Schärfste missbilligte, sagte er, das Bier sei schlecht oder der Wein tauge nicht. Wenn Martinus auf Reisen war, bat er Katharina, doch von ihrem Bier und ihrem Wein etwas zu schicken, wenn er lebendig wiederkommen solle.

Katharina schüttelte ebenfalls den Kopf, als ihr Mann demonstrativ ein Bild von sich und ihr zum Konzil nach Mantua senden wollte, um dem Zölibatsgefasel ein Ende zu bereiten. Das Bild sollten sie aufhängen und Katharina als Inbegriff der Eva sehen. Als Mutter alles Lebendigen! Denn davon würden alle etwaigen Schwächen einer Frau überdeckt.

Ein Jahr nach Luthers schlimmer Erkrankung kündigte sich Besuch an, auf den Katharina sich sehr freute. Das Ehepaar Zell wurde erwartet. An Katharina Zell hatte Luther seinerzeit Grüße übermitteln lassen, als Katharina vor dem Gemälde Cranachs stand und sich Gedanken über ihre Namensschwestern machte. Damals ahnte sie noch nicht, dass sie sich einmal treffen würden: die beiden Katharinas mit ihren Männern, die beide Pfarrer waren und mehr als zwanzig Jahre älter als ihre Frauen.

Katharina Zell hatte vor drei Jahren das Vorwort für das Straßburger Gesangbuch geschrieben. Katharina hatte von ihr schon viele Trostbriefe gelesen, Traktate, die Menschen aufmuntern und Gottvertrauen schenken sollten. Sie war die einzige Frau, von der Katharina solche – durchaus auch umstrittenen – Schriften besaß. Katharina Zell machte sich um die evangelische Liebestätigkeit verdient. Sie wurde nicht nur in ihrer Stadt Straßburg von Herzen verehrt.

Mit dem Besuch von Katharina Zell erwachten in Katharina viele Fragen. Dieses Paar verhielt sich so anders. Bei ihnen genügte ein Blick, um dem andern beizustehen. Alles wurde gemeinsam besprochen.

Katharina Zell erzählte: „Am Anfang leistete ich nur meinem Verlöbnis Folge und wollte nicht mehr sein als ein Stücklein aus der Rippe meines Mannes. Wir wollten nicht Gold und Geld, sondern sahen, wie viele Menschen litten, und denen wollten wir gemeinsam zu Hilfe eilen. Aber mein lieber Mann Matthias wollte, dass wir in allen Stücken gleich seien. Und wie wir in Kleinigkeiten, beim Essen oder in Nebensachen, übereinstimmen, so arbeiten wir im Einklang miteinander. Ich bin sein lieber Helfer für die Dinge, derentwegen andere ihn als vom Weibe beherrscht verschreien, aber gerade für die liebt er mich."

Katharina beobachtete, wie die beiden gemeinsam

über einem Text arbeiteten und sich dabei dankbar über die Wange streichelten. So etwas kannte sie nicht von Martinus. Ja, Matthias Zell nahm seiner Frau sogar hin und wieder die Kinder ab, damit sie allein mit andern über ihre Arbeit sprechen konnte. Und danach erkundigte er sich nach ihrem Vorankommen und ihrer Gesundheit. Wenn sie gut vorankam und gesund war, freute er sich darüber. Am Abend suchten sie einander, um noch kurz allein im Garten zu sitzen, und sorgten dafür, dass sie ungestört waren. Und, wahrlich, sie küssten sich oder redeten dann, wie es nur die jungen Leute tun.

Das also war der „Engel von Straßburg". So waren ihre Namensschwester und ihr geliebter Mann. Katharina wurde bewusst, wie anders ihre eigene Ehe aussah. Martinus und sie liebten es, allein etwas anzupacken, aber es war ihnen fremd, sich bei der Hand zu halten oder beieinander zu sitzen.

Das Ehepaar Zell reiste gerade noch rechtzeitig ab, um nicht von der Ruhr angesteckt zu werden. Fast keiner in Wittenberg blieb von der schlimmen Durchfallerkrankung verschont. Es erwischte auch alle im Schwarzen Kloster: Doktor Martinus, Katharina, die Studenten, Wolf und die Magd sowie alle Kinder. Alle waren bleich und schwach, obwohl Katharina dafür sorgte, dass alle genug aßen und tranken.

Lene, inzwischen des Hühnerschlachtens kundig und den Kinderschuhen entwachsen, hatte sich den Professor Ambrosius Berndt ausgesucht und ihm bereits die Ehe versprochen. Luther erfuhr es später, als Ambrosius mit ihm sprach und seine Absichten vortrug. Luther blieb nichts anderes übrig, als in die Heirat einzuwilligen, trotz einer zu jungen Braut und grassierender Ruhr.

„Frau Cranach hilft mir beim Hochzeitskleid, und ich bin schon alt genug", sagte Lene zu Katharina. Sie hatte befürchtet, dass ihrer Pflegemutter eine so frühe Ehe nicht recht wäre. Aber da hatte sie weit gefehlt.

„Wenn es denn so ist, Lene, so wollen wir feiern und fröhlich sein." Und Katharina plante Verlobung und Hochzeit mit einem Eifer, den sie auch ihren eigenen Kindern angedeihen lassen würde.

Die größte Schlacht musste sie jedoch mit ihrem Mann ausfechten. Als er das Brautkleid mit seinen Borten und Rüschen sah, fand er, dass es sich nicht zieme, darin ehrenhaft zu heiraten. Da zählte ihm Katharina alle Mädchen in Wittenberg und weit darüber hinaus auf, die ebensolche Kleider getragen hätten, und deshalb habe sie nicht der Blitz erschlagen!

„Ihr müsst euch nicht die verderbte Welt zum Vorbild wählen!", schimpfte Martinus.

Lene begann zu weinen, sie fürchtete, alle Borten müssten wieder abgetrennt werden, und Luther war dies recht. Aber am Abend hörte man aus dem Schlafgemach der Eheleute Katharina wie eine Löwin brüllen: „Was denkt Er sich! Will Er dem Kind die Freude nehmen? Soll sie an ihrem Festtag etwa in einem Nonnenkittel laufen?"

Um des Friedens willen sagte Luther nichts mehr zum Kleid. Lene musste aber noch viele Ermahnungen bis zur Hochzeit von ihm anhören, während Katharina darauf achtete, dass Lene alle anfallenden Hausfrauentätigkeiten beherrschte. Lene war lerneifrig und fleißig wie noch nie. Bald würde sie das Schwarze Kloster verlassen und zu Ambrosius ziehen. Für die Borten und Rüschen, die nicht weichen mussten, war sie Frau Katharina dankbarer als für die gesamte Fürsorge der letzten Jahre.

Die Ruhr war noch nicht vergessen, da wurde Wittenberg 1539 von einer neuen Pestwelle überrollt. Wieder wurde das Schwarze Kloster zum Spital, wieder sorgten sich Katharina und Martinus um Kinder und Freunde. Der kleine Paul und Maruschel waren auch kränklich geworden, und Katharina wandte alle Sorgfalt auf, dass sie nicht noch zusätzlich an der Pest erkrankten. Sie rieb alle Kinder Abend für Abend mit Rosenwasser ab und verbat sich jede Kritik über diese teure Vorsorge.

Trotz der Pest hatte Luther Grund, stolz zu sein, denn sein ältester Sohn Hans wurde mit dreizehn Jahren an der Universität zum Baccalaureus promoviert. Von diesem Zeitpunkt an war er für Martinus kein Kind mehr. Für Katharina blieb er jedoch ein Kind, auch wenn sie ihm nicht mehr in die Haare fassen durfte. Da konnte der junge Herzog ihren Sohn noch so ermahnen, dass er dem Vater nacheifern solle!

Aus Luthers Freundeskreis starb das Juristenehepaar Münsterer. Auch deren vier Kinder kamen nun ins Schwarze Kloster. Das Weihnachtsfest 1539 feierte die Familie Luther mit gut zwanzig Personen. Alle wohnten im Schwarzen Kloster und hatten kein anderes Zuhause. Die Pest hatte sie wieder zusammenrücken lassen; doch in allem Leid stand die Weihnachtsbotschaft als tröstender Friedensengel in ihrer Mitte.

Katharina flocht ihren Töchtern Lenchen und Maruschel Bänder ins Haar. Auch die Mädchen vom verstorbenen Ehepaar Münsterer wurden geschmückt und durften als Engel verkleidet auftreten. Es waren die ersten Tage, an denen sie sich wieder freuten. Das war für Katharina, als ob sich der Himmel aufgetan hätte, denn die Kinder lernten wieder zu lachen.

„Martinus, es ist ein reicher Schatz, dass Ihr uns das Krippenspiel geschenkt habt. Die Kinder können nun erleben und nachempfinden, wie barmherzig Gott ist."

Katharina lobte ihren Mann oft. Sie wusste, dass seine Worte nicht nur in der Familie, sondern weit mehr noch in der Welt gebraucht wurden. Darum werde ich meinen Doktor hüten wie meinen Augapfel, wie ein Kind, dachte sie.

Die Kinder befanden sich noch Anfang Januar im Weihnachtsglück, denn jedes hatte ein Spielzeug bekommen, und täglich machten Pferd, Schlittschuhe, Puppenstube und Wintermantel neue Freude und wurden stolz präsentiert. Die Jüngste, Maruschel, war schon fünf Jahre alt. Ein Student hatte ihr ein Bilderbuch auf dicke Pappe gemalt, das alle Tiere und viele Pflanzen enthielt, die im Schwarzen Kloster waren. Nun konnte sie nicht damit aufhören, anhand des Buches die Tatsachen zu erforschen. Sie bat jeden, der sich nicht wehrte, ihr in der Natur zu zeigen, wo die Pferde, die Hühner und die Eulen aus dem Buch waren. Und sie lernte noch etwas anderes dabei: Vieles war nur im Buch zu sehen, in Wirklichkeit schlief so manches noch, obwohl es Tag war. Die Veilchen schliefen im Dreck, die Äpfel schliefen in winzigen Knospen, die Mäuse schliefen dauernd und niemand konnte sagen wo; die Küken schliefen in kleinen Eiern im Bauch der Hennen, und die Schwalben waren weit weg spazieren gegangen.

Katharina hatte gedacht, Maruschel würde das jüngste Kind bleiben, aber sie wurde immer sicherer, dass bereits drei Monde verstrichen waren und sie nicht mehr geblutet hatte. Erst glaubte sie, es läge daran, dass sie wie alle stark abgenommen habe und zu kraftlos sei. Aber sie fühlte seit mehreren Tagen starke Schmerzen rechts über der Leiste und tief im Becken. Doch sie sprach nicht darüber, denn es war keine Zeit, und Tante Lene war im Himmel und nicht mehr so resolut und hilfreich zugegen.

Dann kam der Tag, von dem Paul und Lenchen sagten, dass Mutters Schuhe geblutet hätten. Den ganzen Weg von der Küche über den Hof, die Treppe hinauf und bis vor Mutters Bett bluteten beide Schuhe. Selbst als die Magd die Schuhe unter dem neuen Brunnen auswusch, dauerte es lange, bis das Wasser endlich heller wurde. Als die Schuhe aufhörten zu bluten, begannen die Betttücher zu bluten, zwei Wochen lang. Noch nie war das Gesicht der Mutter so weiß gewesen. Noch nie hatten die Kinder den Vater mit verweinten Augen gesehen. Er ermahnte alle, für seine liebste Frau zu beten, auch seine Freunde und die Gottesdienstbesucher.

Es war die Zeit der Frauen. Sie kamen, brachten Getränke und Speisen, und selbstverständlich nahmen sie sich auch der Kinder an.

Dann endlich konnte Martinus Gott danken, dass er

seine geliebte Käthe aus dem Totenreich zurückgeholt hatte. Auch die Kinder schöpften neue Hoffnung. Aber ihre Mutter lag immer noch im Bett, und es war das erste Mal, dass an ihren Händen die Adern durchschimmerten.

Nach drei Wochen hörte Katharina morgens die Kühe schreien, weil sie nicht rechtzeitig gemolken wurden. Da hielt sie es nicht länger im Bett aus. Sie schob ihre Beine auf den Boden und fiel, ehe sie stand, um. So schwach war sie geworden. Ave hörte davon und kam mit ihren Kindern ins Haus, bis Katharina wieder das Laufen gelernt hatte.

Doch schlimmer, als noch nicht laufen zu können, drückten Katharinas Brüste auf ihre Seele. Sie waren voll Milch und bis zum Hals geschwollen. Es schmerzte sie, die Arme zu bewegen … die Arme, die sonst ein Kind hielten. Sie, die immer froh gewesen war, genug Milch zu haben!

„Mir ist, als ob die Teufel über mich spotten und keiner ist, der mich trösten kann", sagte sie zu ihrem Mann. Zum ersten Mal verstand sie, was Martinus empfand, wenn er klagte, dass ihn die Teufel marterten. Und in jener Stunde lernte sie einen anderen Martinus kennen: Er beschrieb ihr die Qualen, die er um ihretwillen durchstanden hatte. Und er sagte ihr, welch großes Wunder es sei, dass sie noch lebe. Er legte seinen Kopf an ihre Brust und schmeckte die süße Milch, die süßer war als jede Milch, die er je getrunken hatte. Sie vermischte sich mit den Tränen seiner Frau, die noch nie um ihrer selbst willen geweint hatte. Martinus begriff, was Paulus meinte, als er von der ersten Milchspeise der Christen sprach und davon, stark genug zu sein, um auch feste Speise zu sich zu nehmen. Auch zu Tränen musste ein wahrer Christ bereit sein.

„Meine arme, kleine, meine liebe Frau", sagte er zu seiner Käthe. Es war das erste und letzte Mal, dass Luther zu seiner Frau „arm" und „klein" sagen durfte. Denn wieder halbwegs bei Kräften, wäre sie ihrem Mann deswegen ins Gesicht gesprungen. Sie war weder arm noch klein! Reich war sie durch Martinus und groß durch Gott. Da behaupte keiner das Gegenteil!

Es dauerte noch wenige Tage, dann sagte Katharina: „Nun habe ich wieder die Zügel in der Hand und kann der ungehorsamen Magd zürnen." Ihrem Mann fiel ein Stein vom Herzen.

Diese Zeit vergaßen weder Katharina noch Martinus. Und so fand jeder einen Weg, seiner herzlichen Zuneigung Taten folgen zu lassen.

Katharina tat es, indem sie für die große Eingangstür des Schwarzen Klosters ein hohes Sandsteinportal in Auftrag gab. Sie fragte ihren Mann nicht darum, denn sie wollte es ihm zum Geburtstag schenken. Es entstand nach ihrem Entwurf: Zu beiden Seiten des Tores war eine überdachte Sitznische. Umspannt wurde das Tor von einem spitz zulaufenden Torbogen, der in der Höhe geschwungene, sich kreuzende Reliefs enthielt. Einzigartig waren die eingearbeiteten Kreuze über den Dächern der Sitznischen. Sie durchbrachen die Symmetrie und fanden sich doch in der Verlängerung der nach oben weisenden Querbalken in der Mitte des Portals wieder.

Nach der Krankheit seiner Frau begriff Luther, dass Katharinas Kräfte begrenzt waren. Das Schwarze Kloster war zwar ihre gemeinsame Heimat, aber seine Frau konnte darin nie zur Ruhe kommen. Als einer von Katharinas verarmten Brüdern sein Gut in Zülsdorf verkaufen wollte, wusste Martinus, was seiner Frau guttun würde und womit er ihr eine unbändige Freude bereiten konnte. Siebenhundert Gulden kostete das Gut, das in der Nähe von Katharinas Geburtsort lag. Mit viel Anstrengungen und dem hilfreichen Kurfürsten erfüllte Luther den Herzenswunsch seiner Frau.

Die vier Waisenkinder, die Luthers im Jahr zuvor aufgenommen hatten, konnten nun zur Familie Melanchthons überwechseln. Melanchthons Frau hatte zugestimmt, weil ihr Mann genug verdiente und viel Platz in dem großen Haus war. Katharina packte für jedes Kind noch ein gutes Kleiderbündel zusammen und nahm auch Hirse, Mandeln und Pflaumen mit, damit fürs Erste etwas zu beißen da war. Sie war froh, dass die kühle und oft übel gelaunte Frau sich bereit erklärt hatte, für die Kinder zu sorgen. Eine gute Hausfrau war sie. Daran konnte niemand zweifeln, denn man sah sie nie tatenlos herumsitzen.

Im Sommer 1540 packte Katharina das erste Mal den Wagen, um nach Zülsdorf zu fahren: Sämereien, Lebensmittel, einige Hühner und eine trächtige Sau hatte sie dabei. Sie spannte die Pferde ein und band zwei Ziegen hinter der Plane fest, damit sie mitlaufen konnten.

Lenchen kümmerte sich um die aufgeregten Geschwister Martin, Paul und Maruschel. Sosehr sie versuchte, ruhig zu bleiben, sagte sie doch immer wieder zu ihrer Mutter: „Ich bin so aufgeregt, ach, Mutter, ich bin ja so aufgeregt."

Hans musste zurückbleiben, weil er schon ein Mann war und die Universität besuchte. Wie gerne wäre er mitgefahren! Die Mutter hätte ihn sicher gebraucht. Aber nun stand er da und hatte kein einziges wunderbares Wort wie sein Vater auf den Lippen.

Eine ehemalige Nonne sollte den Haushalt im Schwarzen Kloster weiterführen, während seine Mutter weg war. Aber er mochte sie nicht. Sie nahm sich bei den Mahlzeiten das beste Stück, übersah die Kinder und ruhte sich aus, während die andern arbeiteten. „Ich merke nichts davon, dass sie eine Klostererziehung hat", hörte Hans seine Mutter sagen, bevor sie den Wagen bestieg. Aber sein Vater bestand darauf, der Frau Gelegenheit zu geben, sich zu beweisen. Schließlich sei Rosina ja auch von edler Herkunft und zu bedauern.

Lenchen trat zu ihrem Bruder: „Ich werde dich nicht vergessen, mein liebes Hänschen", beteuerte sie und hängte sich an ihn, damit er die Arme um sie lege. Aber er hatte gelernt, dass sich das nicht schickte, und war doch glücklich, wenigstens von seiner Schwester getröstet zu werden.

Katharina und Luther küssten sich zum Abschied immer wieder beide Hände. Katharina, weil sie so dankbar war, aufs Land in ihr eigenes Reich ziehen zu können, Martinus, weil ihn doch Zweifel überfielen, ob er ohne seine Frau zurande käme.

Dies war die glücklichste Fahrt ihres Lebens. Sie vermisste zwar ihren lieben Mann, aber die Kinder befragten sie unentwegt: „Mutter, wie sieht es da aus? Sind dort auch so süße Kirschen wie in Melanchthons Garten? Gibt es einen Teich zum Baden? Dürfen wir im Stroh herumspringen? Und warum, Mutter, musste Tölpel in Wittenberg bleiben und durfte nicht mit?"

Katharina konnte nur auf die letzte Frage der Kinder eine sichere Antwort geben. „Wer wäre bei Hans, wenn nicht Tölpel da wäre? Wer würde ihn trösten? Wer würde versuchen, ihn vor Freude umzuwerfen, wenn er heimkommt? – Sagt mir: Hätten wir Tölpel mitnehmen dürfen?"

Da wurden die Kinder still und konnten ihr schlechtes Gewissen, ohne ihren Bruder gefahren zu sein, loslassen.

Katharina fuhr langsam. Die Ziegen durften sich nicht die Hufe verletzen und die Sau war aufgeregt. Alle zwei Stunden wurde Rast gemacht, alle bekamen etwas zu essen, und ehe die Reise weiterging, stellten sie sich zusammen, falteten die Hände und beteten. Katharina ging wie üblich noch zu jedem Tier, segnete es und dankte Gott.

Nach zwei Tagen näherte sich das Fuhrwerk Lippendorf, Katharinas Geburtsstadt. Sie lenkte die Pferde von der Hauptstraße ab und nach einer weiteren Stunde kam vor ihnen Gut Zülsdorf in Sicht. Ihr Anwesen!

„Und schützt mir mein Zülsdorf"

1540–1545

Was sollte sie zuerst machen? Die Ziegen anpflocken? Für die Sau einen Verschlag suchen? Die Kinder waschen? Das Haus inspizieren, in dem noch ein alter Knecht mit seiner Frau leben sollte?

Als Katharina vom Wagen herunterstieg, war sie so müde, dass sie in ihrem Reiserock erst einmal auf die Knie ging, den Kopf auf die Erde legte und mit einem alten lateinischen Reisegebet Gott dankte. Dann sah sie ihre Kinder an. Sie waren voller Erwartung und standen doch wie angewurzelt da.

„Alles, was ihr seht, ist unser! Des Doktor Martinus und mein Eigentum. Freut euch, Kinder, freut euch!" Und da fassten sie sich an den Händen, hüpften im Kreis und lachten und schrien durcheinander, wie sie es sonst nur beim Baden in der Elbe taten.

Dann schwärmten die Kinder aus: in die Kammern, Ställe und Gärten. Selbst die sechsjährige Maruschel verkündete mit ernstem Gesicht: „Das da müssen wir heile machen!" Sie deutete auf die Gartenpforte, die krumm und schief in den Angeln hing.

Der alte Knecht und seine Frau hatten sich in einem Schuppen am Hang mit undichtem Dach und feuchten Wänden eingerichtet. Es sah aus, als ob sie im vergangenen Jahr keinen Handschlag gemacht hatten.

Das wird sich ändern, dachte Katharina. „Wenn du

arbeiten willst, stelle ich dich auch ein", sagte sie zu der Frau. Als diese nickte, fuhr sie fort: „Dann kümmert euch gleich um die Sau und räumt noch heute allen Unrat von den Wegen."

Die Kinder wollten den Tisch sehen, von dem ihre Mutter gesprochen hatte. Und sie fanden ihn. Martin und Paul entdeckten den großen Steintisch im Garten. Daran hatte sich die Mutter erinnert: „Wenn ich als Kind bei meiner Tante in Zülsdorf zu Besuch war, saß ich im Sommer immer im hinteren Garten an einem großen Steintisch. Er war von der Sonne aufgeheizt, und wenn ich mich darauflegte, konnte ich nicht von einem Ende zum andern reichen."

Lenchen, Martin, Paul und Maruschel konnten sich gleichzeitig auf den warmen runden Steintisch legen. „Und Tölpel hätte auch noch Platz!" Martin tat gleich leid, was ihm da rausgerutscht war. Aber Katharina lachte nur: „Habe ich euch zu viel versprochen, was diesen schönen Tisch angeht?"

„Nein, Mutter, nein, der Tisch ist wirklich die Ofenplatte der Sonne."

Katharina fiel ein, dass sie als Kind gerne an dem Tisch auch gegessen hätte, aber es wurden an ihm nur Arbeiten verrichtet. Und so fragte sie die Kinder: „Wollen wir an dem Tisch zu Abend essen?"

Sie hätte sicher nicht zu fragen brauchen. Zuvor sollten die Jungen aber noch mit Hölzern das Moos vom Tisch kratzen, mit Hühnerflügeln die Platte abfegen und mit klarem Wasser nachspülen. Sie gingen gleich los, um alles zu holen.

Katharina erinnerte sich, dass sie hier so gern gesessen und sich immer gewünscht hatte, eine Mutter zu haben. Sie sah ihre Töchter an und dachte an Elisabeth, die jetzt schon dreizehn Jahre alt wäre.

„Lenchen", sagte Katharina, „wenn wir nach Wittenberg zurückfahren, wird es für dich Zeit, eine kleine Haube zu tragen. Du bist bald zwölf Jahre alt."

Lenchen schaute ihre Mutter verwundert an, doch die sprach schon weiter. Es musste an dem warmen Tisch gelegen haben, denn dort sprach sie noch oft ganz anders mit ihren Kindern.

„Nicht nur, weil es schicklich ist, möchte ich, dass du eine schöne Haube bekommst. Nein, ich verabscheue es, wenn ihr Mädchen an euren schönen Zöpfen gezogen werdet. Ich hatte als junge Frau einen kahl geschorenen Kopf als Zeichen der Gotteshingabe. Die Haare auf den Köpfen der Mädchen sind ein Gottesgeschenk. Ich will nicht, dass meine Töchter daran gezogen werden. Lenchen, du sollst ganz in Ruhe und Andacht zur Frau werden können und keiner soll dich kränken."

Gemeinsam holten sie die beiden Ziegen und banden sie nahe beim Tisch fest, damit sie das hohe Gras abfraßen. Als der Tisch gedeckt war, sprach Katharina das Tischgebet, und wenn nicht Martinus und Hans gefehlt hätten, hätte Katharina geglaubt schon im Paradies zu sein.

In Zülsdorf war vieles anders und doch so, als ob es immer so sein müsste. Am Abend betete Katharina noch mit jedem Kind und erklärte ihnen, dass sie „von Herzen beten" sollten. Man könne Gott alles sagen und dürfe dabei sogar stottern oder sich beklagen. Denn im Wort Gottes stünde, dass man sein Herz vor Gott ausschütten solle. Und so war es dann auch. Alle konnten abends ihr Herz ausschütten. Katharina wünschte, Martinus würde es hören. Aber sie setzte sich regelmäßig hin, um ihm zu schreiben.

Zülsdorf – das war auch: Lenchen und die Mutter. In Wittenberg war Lenchen stets in eine Kinderschar eingebettet und Katharina war von Gästen umgeben. Aber hier wurden Mutter und Tochter unzertrennlich.

Eines Abends saßen sie noch auf dem warmen Steintisch, da fragte Lenchen die Mutter: „Hilfst du mir, den rechten Mann zu finden?"

Katharina nahm die Hand ihrer Tochter und sagte: „Wer könnte den rechten Mann finden, wenn nicht Gott schon alles vorbereitet hätte? Sieh, irgendwo läuft er schon herum. Er hat Augen und Ohren und einen Mund. Du musst nichts mehr dazutun. Vielleicht wird er so wunderbar sein wie der Wind, der die Halme zum Schwingen bringt. Eine solche Liebe gibt es, Lenchen." Sie dachte an Hieronymus. „Aber dann, glaube mir, wird dein Herz lauter sprechen, als ich es je kann."

„Du meinst, ich würde gegen deinen Willen …"

„Gegen meinen Willen kannst du gar nicht heiraten, meine liebe Magdalene, denn ich werde immer deine Mutter sein, die dich liebt."

Katharina machte in Zülsdorf alles andere als Urlaub. Sie bestellte Bauholz für die Scheune, denn wohin sonst sollte das Heu, das sie gesenst hatte und nun gewendet wurde? Und dann war da noch etwas, das sie erstaunte: Die Menschen kümmerten sich nicht um Gottes Anliegen. Oft gingen sie nicht einmal in die Kirchen und pflegten alte Bräuche.

Mit ihren Kindern, zwischen fünf und elf Jahre alt, konnte Katharina so manches bereden. Offen und ehrlich stellten sie ihre Fragen. Wahrscheinlich redeten sie hier in einer Woche mehr mit der Mutter als sonst einen ganzen Sommer lang. Zum ersten Mal erfuhren sie von der Mutter, wie sie ihre Kindheit verbracht und dass sie jeden Winter im Kloster gefroren hatte. „Auch euer Vater hat gefroren, als er Mönch war", fügte sie hinzu.

Die Kinder schüttelten sich bei der Vorstellung, freiwillig zu frieren. Maruschel fragte ihre Mutter, wie kalt ihre Füße dann waren. „So wie das Brunnenwasser, wenn es ganz frisch ist?" Katharina bejahte.

Lenchen staunte: „Dann hast du immer an die Füße denken müssen, statt beim Beten an Gott zu denken?"

Katharina erzählte daraufhin die folgende Geschichte: „Als es wieder einmal so kalt war und ich tagelang meine Füße nicht mehr spürte, sondern nur die Stiche, wenn ich ging, beobachtete ich die Meisen im Klostergarten. Sie hüpften über Eis und Schnee und waren doch munter. Da beschloss ich, es ihnen nachzumachen. Ich stellte mir vor, ich sei ein Vöglein. Meine Federn hielten mich schön warm – und Füße hatte ich gar keine. Ich hatte also Vogelbeine und die frieren nicht. Abends kuschelte ich mich unter meiner dünnen Decke in meine warmen Federn und meine Vogelbeine konnten getrost auf einem kalten Ast sitzen. Meist war ich eine Haubenmeise oder ein Kiebitz, weil ich auf meinem Kopf auch noch den Druck meines Schleiers spürte. Und es ging mir gut so. Richtig gut, denn Gott hat auch den kleinsten Spatz lieb und sorgt sich um ihn."

Die Kinder staunten. Mutter konnte so schön erzählen. Aber sie erzählte nur, wenn man sie fragte. Anderes bestimmte sie einfach so. Zum Beispiel, dass zum Mittagsmahl der alte Knecht und seine Frau zugegen sein sollten. Ebenso alle, die sich gerade in Haus und Hof aufhielten. Die Kinder machten lange Gesichter. Aber ihre Mutter fragte die Kinder nur: „Habt ihr die beiden einmal lachen oder beten sehen?" Daran konnte sich keiner erinnern und deshalb waren sie ihnen ja so unheimlich.

„Seht, dann wisst ihr jetzt, was ihr ihnen beibringen müsst!"

Als die Ernte eingebracht war und der Wintervorrat für die Schweine und Ziegen, Holz für die Alten, Heringe, Kraut und Mehl beieinander waren, packte Katharina ihren Erntewagen und fuhr mit den Kindern zurück nach Wittenberg. Dort wartete nicht nur ihr Martinus, sondern auch jede Menge Arbeit auf sie.

Die ehemalige Nonne Rosina von Truchseß hatte sich inzwischen aus dem Staub gemacht. Sie war nie Nonne gewesen, sondern die Tochter eines erschlagenen Bauern. Das wäre nicht schlimm gewesen, aber die Frau log und stahl. Obendrein wurde sie schwanger, ohne die Absicht zu ehelichen. Doch um sie brauchte sich keiner zu sorgen, denn ihre Geschichte glaubten nach Luther noch viele andere Pfarrer, sodass sie vergnügt in vielen Städten lebte.

Katharinas lieber Mann war während ihrer Abwesenheit so manchem Betrüger aufgesessen. Einmal hatte ein erbarmungswürdiger englischer Bettler an seine Tür geklopft. Er war von Luther mit einem ordentlichen Mahl und gutem Wein verköstigt worden. Dass der Mann einen Säugling unter seinem Mantel trug, den er zum Abschied wie ein Trinkgeld zurückließ, hätte Luther nicht geglaubt, wenn er nicht selber den armen Wurm verlassen in seiner Küche gefunden hätte. Er hatte das Findelkind nach Nürnberg in ein Waisenhaus vermittelt und noch Kostgeld dafür gezahlt.

Es war Herbst und Katharina hatte Mühe, in Ställen und Gärten Ordnung zu schaffen. Wie ein unsichtbares Band war seit den Tagen in Zülsdorf eine tiefe Zuneigung zwischen Katharina und ihrer ältesten Tochter gewachsen. Und sie zeigten sich gegenseitig, was sie Schönes sahen und erlebten.

Dann kam die Zeit der Honigernte und die war in diesem heißen Jahr wie ein überreicher Segen. Obwohl Katharina alles vorsichtig in Töpfen zur Zentrifuge trug, klebten doch tagelang Schuhe und Möbel vom wertvollen Gold.

Ave erhielt wie jedes Jahr einen großen Topf Honig. Beide Frauen dachten an die Zeit zurück, als Katharina frisch verlobt war und schon von zukünftigen Schweinen und Bienen sprach. „Ich werde im zeitigen Frühjahr wieder nach Zülsdorf fahren", sagte sie. „Ich werde es so planen, dass ich schwärmende Bienen von hier mitnehme, denn dort gibt es weit und breit keine Bienenvölker."

„Ach, Katharina, hast du je eine Nacht länger als fünf Stunden geschlafen?", fragte die Freundin.

„O ja", antwortete Katharina. „Das war, als du, meine liebste Freundin, mir hinterher beibringen musstest, wie man geht. So viel will ich nie wieder schlafen müssen."

Als Katharina Aves Mann sah, erschrak sie: Er krümmte sich vor lauter Husten und hatte entzündete Augen. Die vielen Dämpfe der Arzneien hatten den stattlichen Mann zu einem blassen Schatten mit roten, tränenden Augen gemacht. Also redete sie so lange auf Cranachs und Ave ein, bis ihre Freundin gewillt war, mit ihrer Familie bis zum Einbruch des Winters nach Zülsdorf zu fahren. Dort würde ihr Mann sich hoffentlich erholen. Paul und Maruschel durften mit, sie waren zwar klein, konnten aber doch schon den Weg zeigen und darauf achten, dass alles recht gemacht wurde. Katharina gab für Wolf und die Magd noch Speck und Wein mit. Sie sollten es gut haben und sehen, dass auch zum nächsten Jahr genug Speck bei ihnen hängen würde, wenn sie die Schweine gut fütterten.

Katharina beeilte sich, dass sie noch die Bestellung von Weinbergpfählen und Pfropfreisen zustande brachte. Lauterbachs bemühten sich redlich darum, alle Aufträge Käthes bestens auszuführen. Sie wollten jedoch nie Geld dafür und Luther wusste nicht, wie er es gutmachen sollte.

Beim alten Gabriel Zwilling, den Katharina nach ihrer Flucht am Ostermorgen das erste Mal gesehen hatte, bestellte sie eine neue Wäschetruhe, da seine erste wurmstichig geworden war. „Aber ohne eiserne Beschläge", bat Katharina, „sonst bekommt das Leinen Rostflecken."

Der Kurfürst zeigte sich nicht nur großzügig, wenn Luther oder Katharina krank waren. Auch bei Katharinas Heimkehr nach Wittenberg sandte er Braugetreide, Ochsenfleisch, Heu, Holz, Karpfen, Wild und Hühner. Sie waren ihm sehr dankbar für diese Unterstützung.

Der Wittenberger Winter war zu Ende. Im Keller lagerten die Fässer mit frisch gebrautem Bier und die Gärten waren bestellt. Katharina hatte schon Sämereien, Handwerkszeug und Vorräte für Zülsdorf bereit. Dann kam der Tag, an dem die Bienen schwärmten. Luther nahm dies als Bild dafür, wie alle Gott dienen und ihn loben sollten. Für Katharina war es das Zeichen zum Aufbruch.

Das summende Bienenvolk im Kasten begleitete nun zwei Tage lang Katharina und ihre Kinder auf der Fahrt nach Zülsdorf. Zusätzlich hatte sie zwanzig gute Eier zum Brüten mitgenommen, weil kein Hahn auf Zülsdorf war. Die Kinder hielten abwechselnd die Eier, die weich eingepackt in einem Korb lagen.

In Zülsdorf wartete wieder viel Arbeit auf Katharina, aber auch Zeit zum Innehalten und Erzählen. Die Scheune konnte endlich gebaut werden. Lenchen und Martin halfen der Mutter beim Dachdecken. Auch ein Baderaum wurde eingerichtet. Niemand wusste so recht, wer ihnen Enteneier gebracht hatte. Aber Paul hatte sie einer Glucke untergelegt und nun ging er morgens und abends mit acht Küken zum Weiher. Die Tiere vergnügten sich in dem Sumpf und folgten Paul auch wieder artig nach Hause.

In den Abendstunden wurden die Näharbeiten hervorgeholt und dabei erzählten sich Mutter und Kinder in vertrauter Runde von den großen und kleinen Dingen des Lebens. Immer öfter kam auch Besuch nach Zülsdorf, der sich an allen anfallenden Arbeiten beteiligte.

An einem Nachmittag lief Maruschel aufgeregt zur Mutter. „Du bist oben. Oben auf dem Dach!"

„Aber Maruschelchen, ich bin doch hier."

Maruschel gab keine Ruhe. „Komm mit, du musst es selber sehen!"

Katharina war gerade dabei, ein selbstgeknotetes Netz über den Hühnergarten zu werfen, damit die Habichte nicht noch mehr Hühner rissen. Aber nun folgte sie erst einmal Maruschel ins Haus. Es ging die wackeligen Treppen hinauf zum Dachboden. Dort lag ein Bild – staubig und ohne Rahmen.

Maruschel zeigte darauf: „Das bist du, Mutter."

Es war Mutter Katharina. Aber nicht, wie es sich Maruschel gedacht hatte. Das Bild zeigte Katharinas Mutter.

„Das ist ein Bild von deiner Großmutter", stellte Katharina klar. Sie sprach weiter zu ihrer Tochter und legte das Bild ins Licht, um es genauer sehen zu können. Dabei dachte sie: Hier ist also meine Mutter! Und ich dachte immer, ich hätte keine Mutter gehabt!

Gemeinsam schleppten sie das Bild nach unten; Lenchen säuberte es und staunte, wie ähnlich sich Mutter und Tochter waren. Sie konnte sich nicht erklären, warum es so achtlos weggelegt worden war.

Katharina sagte: „Wahrscheinlich wurde das Bild ausquartiert, als Vater neu heiratete. Es sollte wohl die schmerzlichen Erinnerungen nehmen." Mehr konnten sie sich nicht erklären und beschlossen, sich bei Katharinas Bruder Hans zu erkundigen.

Für Katharina stand eines fest: „Lenchen", sagte sie an dem Abend zu Magdalene, „wenn wir wieder in Wittenberg sind, möchte ich, dass Vater Cranach ein Bild von dir malt. Martinus brauchen wir deswegen nicht zu fragen, der findet das nur hoffärtig. Aber ich hätte gerne von meiner lieblichen Tochter ein Bild, weil mich heute das treffend gemalte Bildnis meiner Mutter so angerührt hat."

An einem Nachmittag, die Enten waren noch lange nicht schlachtreif und Katharina war zum Markt gegangen, kam ein Bote herangesprengt, wie sie sonst nur zu einem Königshof reiten. Die alte Magd schlug das Kreuz und fürchtete Tod und Teufel. Briefe und Waren wurden zwischen den Eheleuten immer per Boten ausgetauscht, aber nicht in solcher Eile mit zerschundenem Pferd und Geschrei, ehe abgesessen wurde.

Die Alte war hilflos, denn weder sie noch ihr Mann waren des Lesens kundig. So warteten sie voller Sorge, bis endlich die Herrin kam und Katharina die Nachricht ihres lieben Martinus las: „Verkaufe und bestelle, was du kannst, und komm heim. Denn als mich's ansieht, so will's Dreck regnen." Katharina wusste, was mit diesen Zeilen ohne Anrede und Gruß gemeint war. Die Türken kamen näher, und Heinrich von Braunschweig machte zusätzliche Schwierigkeiten.

Martinus hatte Angst um seine wehrlose Familie in Zülsdorf. Katharina seufzte, mehr Aufregung konnten ihr die Alten nicht anmerken. Dann begann sie zu planen: Sie erklärte den Alten, was zu tun sei, und wenn sie fliehen müssten, sollten sie nach Wittenberg ins Schwarze Kloster kommen. Sie übte noch mit dem Knecht, wie er im Herbst die Waben aus dem Bienenhaus holen musste, und zeigte ihm, wie die Honigschleuder zu bedienen war.

„Dies ist pures Gold", bläute sie ihm ein. „Und immer wenn euch beiden die Angst ankommt, dann betet! Damit habt ihr ein besseres Schwert als alle Türken. Vergesst nicht die Hilfe Gottes und schützt mir mein Zülsdorf."

Paul hatte einen Kasten aus geraden Ästen gebaut und ihn an den Ecken mit Weiden verknotet. Darin schnatterten nun die Enten und steckten ihre Köpfe durch die Ritzen. Katharina bangte auf der Fahrt zum ersten Mal um ihr Geld. Sie hatte zwölf Schweine verkauft und zwei trächtige Ziegen. Sie fühlte den schweren Geldsack an ihrer Hüfte baumeln. Wehe, wenn ein Spitzbub an ihr Geld wollte! Schon der Gedanke reichte aus, um bald im Sitzen, dann wieder im Stehen die Pferde anzuspornen. Immer wieder hörten Lenchen und Martin, wie die Mutter fluchte. Ein „Vergib mir, gnädiger Gott" schloss sich gleich an. Noch oft hörten die Kinder die Bitte um Vergebung. Bald fühlten sich alle so ernst wie sonst immer in Wittenberg.

Daheim in Wittenberg umarmten sich Martinus und Käthe aufs Herzlichste. Es war gut, beieinander zu sein und gemeinsam allem die Stirn zu bieten. Aber die Türken kamen nicht.

Im nächsten Jahr, 1542, wurde Hans Luther zusammen mit seinem Vetter Florian von Bora in die angesehene

Schule nach Torgau gebracht. Der Leiter der Schule, Markus Cordel, sollte Luther regelmäßig berichten, welche Fortschritte sein Sohn machte.

Katharina wusste nicht, wie sie sich von ihrem Sohn verabschieden sollte. Sie wusste, dass kein Tag verstreichen würde, an dem er kein Heimweh hätte, auch wenn er sich dessen von Herzen schämte.

„Die Kinderzeit wurde ihm weggerissen, ehe er einen Zahn verlor", beklagte sich Katharina bei ihrem Mann. Doch der fuhr sie an, sie würde Memmen erziehen und keine Söhne haben, wenn sie so daherschwätze. Sie solle ruhig sein, die Leute würden schon über sie reden, wie sehr sie seine Söhne verhätschle.

Die Mutter packte ihrem Sohn Honig, Tinte, Papier und einige Trostschriften der lieben Katharina von Zell ein. „Du brauchst nicht so viel zu weinen", sagte sie zu Hans. „Ich nehme dir einen Teil der Tränen ab. Denk an all die lieben Freunde, die wir in Torgau haben. Grüß mir die Koppes und den alten Gabriel Zwilling." Für Zwilling gab sie ein Fass Bier mit und Koppes bekamen die Hälfte der zahmen Enten. Die restlichen Enten blieben am Teich beim Saumarkt. Dort hatten sie nach der Ankunft aus Zülsdorf ihr neues Zuhause gefunden.

Paul zeigte seinem Bruder zum Abschied noch einmal seine Entenschar und taufte die größte Ente auf den Namen Hans – nach ihm, seinem geliebten großen Bruder. Dabei war er Pate und hielt die fromme Ente. Hans war der Pfarrer und taufte sie „auf den Vater, den Sohn und den Heiligen Geist, Amen".

Maruschel hatte ihrem Lieblingsbruder ein Mäppchen

mit Borten und Bildern gestickt und dazu noch zehn Taschentücher. So gestärkt, wurden Hans und Florian von Doktor Martinus höchstpersönlich nach Torgau gebracht. Luther war stolz auf seinen Jungen. Er verbot die Kontakte nach Hause. Hans sollte lernen und hart werden. Lediglich wenn er ernstlich krank würde, sollte er davon unterrichtet werden.

Luther hatte noch einige Tage in Torgau zu tun. Währenddessen wandte sich Katharina an Cranach und bat ihn, doch ihre älteste Tochter Lenchen zu malen. Sie flocht Lenchens Zöpfe auf und kämmte die blonden Haare, die in Wellen über die Schultern bis zu den Hüften reichten. Lenchen hatte das Leibchen der Mutter an, das diese nach ihrer Flucht in Torgau getragen hatte. Durch das Waschen war die Wolle eingegangen und passte nun dem Mädchen. Das helle Leibchen hatte dunkle Streifen und war am Hals mit einem dunklen Band gerafft.

Meister Cranach legte einen schwarzen Mantel um das Kind und bat seine Frau, ein dunkles Band zu bringen und es ihr über die Haare zu binden. Er sah Magdalene aus der Entfernung an, dann ging er wieder zu ihr und legte ihre Hände so übereinander, dass sie sich vom schwarzen Tuch abhoben. Danach fasste er unter ihr Kinn, hob den Kopf ein wenig an und bat sie, auf die untere rechte Ecke der Staffelei zu blicken. „Lenchen, nun denke dir ruhig Geschichten aus, während ich male. Eine Ecke der Staffelei ist manchmal wie ein kleines Theater."

Katharina setzte sich neben Meister Cranach. Er war ein begnadeter Künstler. Erst zeichnete er mit Kohle die Umrisse und arbeitete dann in warmen Goldtönen das

Gesicht, den Hals und Lenchens Hände heraus. Als ob sie ein weiteres Mal lebendig würde, dachte Katharina. Der Umhang verschwand im dunklen Hintergrund; nur die Haare deuteten eine Silhouette an.

„Sie ist wahrlich die Tochter der ehrenwerten Katharina von Bora und meines werten Freundes Martinus Luther. Mir ist, als zeichne ich Euch vereint in Eurer Jugend. Wobei ich diese stille Fröhlichkeit Lenchens an den Eltern noch nicht bemerken konnte." Der Meister schmunzelte hinüber zu Katharina. Er wusste wohl, wie er sein ehemaliges adeliges Hausmädchen necken konnte. Aber ehe Katharina etwas erwidern konnte, hatte er sich wieder Magdalene zugewandt und meinte: „Die Ohren Lenchens, ich weiß nicht, wohin ich diese Ohren Eurer Tochter stecken soll. Sie gleichen weder denen der Mutter noch denen des Vaters."

Lenchen lachte kurz auf, als sie den Meister so reden hörte. Wie schön, die Ohren gehörten ihr also ganz allein!

Als Luther wieder nach Wittenberg zurückkehrte, dozierte er wie üblich an der Universität, predigte, schlichtete Streit – und stiftete weiterhin Unfrieden, so gut er es vermochte, was die „Irrlehren" des Papstes anging. „Was aus Rom kommt, ist nicht mehr als die nasse Hundescheiße in den Straßen", pflegte er neue Anordnungen zu kommentieren. Katharina ließ ihren Mann gewähren. Sie hatte doch denselben Glauben und die gleiche Hoffnung wie ihr Gatte.

Melanchthon hatte im Gedanken an seinen eventuellen Tod schon 1540 ein Testament gemacht, damit seine Familie abgesichert war. Er lag Luther in den Ohren, doch auch an seine Käthe zu denken, denn nach sächsischem Recht standen einer Witwe lediglich ein Webstuhl und ein Hocker zu. Die Söhne mussten in einem anderen Haushalt erzogen werden, sobald der Vater wegfiel.

Melanchthon wusste von Luthers Vermächtnis, das er 1537 schwerkrank in Gotha diktiert hatte. Aber das war ein theologisches Vermächtnis gewesen. Die Stadtverordneten würden darauf pfeifen und jeder Richter könnte darüber spotten. Was nützte es, wenn dort stand, dass seine Käthe in allem seine Erbin sein sollte und die Kinder die Bücher bekommen sollten?

„Ohne einen Vormund wird deine Frau am Hungertuch nagen, und ohne Vormünder werden deine Kinder heimatlos werden", beteuerte Melanchthon.

Luther machte daraufhin ein genaues Testament. Katharina sollte Zülsdorf und alle Kleinodien bekommen: Becher, Ketten und Geschenkmünzen im Wert von tausend Gulden, ebenso alle Gärten. Ferner sollte sie eine kleine Wohnung in dem vor Kurzem erworbenen winzigen Haus neben dem Schwarzen Kloster erhalten. Sie hatten das Haus gekauft, um Wolf sein Auskommen zu sichern. Aber nachdem ihm Luther dies mitgeteilt hatte, sagte Wolf schlicht: „Ich brauche kein eigenes Heim. Ich werde immer dort sein, wo meine Herrin wohnt."

Luther begründete sein Vermächtnis mit folgenden Worten: „Sie hat mir nicht nur wie eine Gattin, sondern wie eine Magd gedient. Und sie hat mich als ihren treuen Ehegemahl allezeit liebgehabt und ist die Mutter meiner fünf Kinder." Der Kurfürst sollte für die Einhaltung des

Vermächtnisses bürgen, was er auch zeit seines Lebens tat.

Für Martinus war es selbstverständlich, dass seine Frau weder eines Vormundes noch sonstigen Beraters bedurfte. Damit war Luther der erste Mann in der Geschichte, der seiner Frau eine solche Selbstständigkeit zusprach.

Im September, als die Rispenhirse sich unter ihrem Samen neigte und der warme Wind durch das lichte Dinkelfeld blies, zog der Tod ins Schwarze Kloster, um Lenchen zu holen.

Niemand wusste, wie es kam, dass Lenchen von einem Tag auf den andern schwach wurde und zu fiebern begann. Katharina gab ihr warme Milch und Fruchtsäfte. Weil Lenchen kaum etwas bei sich behalten konnte, kochte Katharina Buchweizengrütze, schlug ein frisches Ei hinein, würzte mit Honig und gab Lenchen löffelweise zu essen.

Lenchen fühlte als Erste, dass sie nun bald im Himmel sein würde. Für sie war es, als ob sie nun auf einer Reise wäre, ähnlich wie die Fahrt von Wittenberg zum sonnigen Anwesen in Zülsdorf. Luther sprach offen mit seiner Tochter, dass es sein könne, dass sie Abschied nehmen müssten. Lenchen wollte noch einmal ihren Bruder Hans sehen. Daher schickte Martinus eine Nachricht nach Torgau und Hans kam zu seiner todkranken Schwester.

Katharina konnte nicht begreifen, was da geschah. Sie setzte sich an Lenchens Bett und wickelte in Essig getauchte Lappen um Lenchens Füße, um das Fieber zu senken. Lenchen sprach zuweilen mit leuchtenden Augen vom Himmel, wie auch Elisabeth Cruciger von einer anderen Welt gesprochen hatte. Aber Katharina wollte ihr

Kind doch bei sich, in diesem Leben behalten!

„Ist es sehr kalt, Lenchen?", fragte sie, als sie neue Lappen auflegte.

„Ach, Mutter, ich denke einfach an das, was ich von Euch gelernt habe. Ich bin ein Vögelchen, da habe ich keine kalten Füße. Wobei ich keine Haubenlerche oder gar ein Kiebitz bin, sondern eine Ente mit großen Ruderfüßen. Ich schwimme auf der Elbe, alles schaukelt, und die Lappen um meine Füße sind die Schwimmpaddel, mit denen ich steuere. Aber wenn Ihr oder Vater mich im Arm haltet, bin ich doch nur ein kleines Küken unter einer Mutterglucke, das träumt und glücklich ist."

In der Nacht träumte Katharina, wie zwei schöne junge Männer zu Lenchen gingen. Diese wartete schon in einem weißen Hochzeitskleid auf die beiden und ging gerne mit. Voller Freude erzählte sie Melanchthon den Traum, denn sie glaubte, Lenchen würde weiterleben, um einmal zu heiraten.

Aber Melanchthon erschrak und fragte Katharina: „Wisst Ihr nicht, wie viele Gesichter der Tod hat und wie vielerlei Gestalt er annimmt?" Es gab keinen Trost für Katharina, doch sie hielt sich an ihren Mann, der bitterlich weinte und doch immer wieder davon sprach, dass Lenchen in den Himmel komme.

Am 20. September 1542 starb Lenchen in den Armen ihres Vaters. Katharina stand abseits und wünschte, sie hätte ihr Leben für das ihrer Tochter geben können. Als der Sarg ins Haus getragen wurde, wechselte Luther zwischen Zorn und Schmerz und er fuhr die Zimmerleute an: „Schlagt nur feste zu! Am Jüngsten Tag wird sie auferstehen!" Noch am selben Tag fand die Beerdigung statt. Es war ein langer Leichenzug, der von der Kirche zum Friedhof zog.

Als König Christian III. von Dänemark von diesem schweren Schlag hörte, dachte er daran, wie sehr er doch die Reformatoren Luther, Melanchthon und Bugenhagen schätzte. Er beschloss, jeder Familie jährlich eine Tonne Butter und eine Tonne Hering zukommen zu lassen.

Als die Boten mit der Fracht eintrafen, schossen Katharina die Tränen in die Augen, denn solche Augenblicke hatte sie früher mit ihrer Tochter geteilt. Sie befahl dem Knecht, die Heringe in den Keller zu bringen. Ebenso die Butter, die jedoch stets mit frischem kaltem Wasser bedeckt sein sollte.

Katharina wandte sich ab, verbarg den Kopf in ihrer Schürze und schluchzte. Während sie sich noch mühte, ihre Fassung wiederzugewinnen, legten sich zwei junge Frauenarme um sie: Lene war wiedergekommen. Nur vier Jahre nach ihrer schönen Hochzeit im weißen Rüschenkleid war Lenes Mann gestorben. So wurde Katharina von ihrer Stieftochter umarmt, die nach ihrem eigenen Schmerz andere zu trösten verstand.

Katharina nahm sich vor, nicht mehr laut zu klagen. Schließlich hatte Lene ihren Mann verloren, den sie sich so ersehnt und für den sie gekämpft hatte. Gemeinsam versuchten sie, ihren Kummer bei der Arbeit zu vergessen und umso mehr anderen eine Hilfe zu sein. Doch was kann besser ablenken als richtiger Ärger? Und der kam! Er kam im Auftrag des verhassten städtischen Zeugmeisters Friedrich von der Grüne.

Als die Arbeiter in Katharinas Garten standen und ungefragt die frisch gepfropften Bäume umschlugen und das Bienenhaus gleich Müll in die Elbe werfen wollten, packte Katharina der Zorn. Nicht nur, dass ein Drittel des Hausgartens dem neuen Wall weichen sollte, ihr wurde auch noch das Bierbrauen untersagt. Und das, obwohl gerade ein neues Brauhaus auf dem Kloster gebaut worden war!

Man tratschte, es habe wohl an Katharina gelegen, dass Luther darüber mit den Stadtverordneten und vornehmlich mit Herrn von der Grüne in großen Streit geriet. Wenigstens das Brauverbot konnte rückgängig gemacht werden und Luther kaufte bei einem Wäldchen nordöstlich der Stadt ein Grundstück, in dem Katharina und Lene flugs noch Wintergerste säten. Ebenso konnte der Garten vor dem Elstertor, den sie bereits 1532 erworben hatten, erweitert werden.

Katharina hatte im Laufe der Jahre in Wolf einen verlässlichen Diener gefunden; auch die zwei neuen Mägde waren mit Bedacht ausgesucht. Dadurch hatte sie viel Hilfe bei der Gartenarbeit. Sie ernteten sogar Lein, um Öl zu gewinnen, und von Ave erhielt sie manch guten Rat, wie sie damit am besten verfahren sollte. „Ein Apotheker wäre eine gute Hausfrau", pflegte Ave zu sagen, „denn er versteht sich aufs Sieden und Trocknen von allem, was es gibt."

Am Donnerstag vor Fastnacht zogen die Müllergesellen alljährlich durch die Straßen und sammelten Würste für das Fest. Martinus und Katharina planten auch jedes

Jahr am Faschingstag ein Fest, das „Königreich" genannt wurde. Dazu luden sie nicht nur alle befreundeten Familien, Theologen und Professoren ein, sondern auch den Schulmeister aus Torgau. Hans und sein Vetter Florian konnten an diesem Tag endlich wieder nach Wittenberg kommen. Doch das ausgelassene Fest forderte auch von den Kindern viel Mühe, denn jedes musste Psalmen und Verse auswendig aufsagen. Luther mahnte sie, nicht zu zittern, denn es wäre wie das Jüngste Gericht: Davor müsse ein Christenmensch sich auch nicht fürchten.

Das Fest, das an die Heiligen Drei Könige erinnern sollte, war schon alt und eine andere Art von Faschingstreiben. Es wurde ausgelassen bis weit nach Mitternacht gefeiert. Luther nahm die große Versammlung zum Anlass, etwas klarzustellen: Es sei nicht etwa seine Frau, die ihm bei der Schriftauslegung helfe, wie so viele behaupteten, sondern einzig der Heilige Geist.

Während Luther sprach, trafen sich still die Blicke von Lene und Katharina. Das ehemals so wilde Mädchen war zu einer liebevollen, einsichtigen jungen Frau geworden. Das entging auch nicht dem flotten Medizinstudenten Ernst Reuchlin. Weder an diesem Abend noch an allen weiteren Tagen. Und so wurde 1554 für Lene die zweite Hochzeit ausgerichtet.

Wieder musste Katharina für Lene kämpfen. Diesmal ging es nicht um ein Hochzeitskleid mit Rüschen, wie sieben Jahre zuvor, sondern um den Bräutigam selbst. Martinus war der Meinung, Ernst Reuchlin passe nicht zu Lene; sie brauche einen starken, ruhigen Mann – und nicht einen, der ihr zu Füßen liege.

Luthers letzte Reise

1546

Schon seit Jahren klagte Luther über die kaum zu bewältigenden Aufgaben. Wegen seiner häufigen Kopfschmerzen wollte er auch gerne Zeiten haben, in denen er nicht mehr lesen, schreiben oder referieren musste. Er hatte es satt, immer Streitigkeiten schlichten zu müssen.

„Liebste Käthe, wie gerne würde ich alter Mann dem Knospen und Wachsen in unseren Gärten zusehen und mich an der Natur erfreuen."

Katharina verstand ihren Mann gut. Wenn sie gemeinsam in den Gärten waren, konnte er alles von Herzen genießen. Während sie darauf achtete, wie die Ernte ausfiel, fand er darüber einen Liedvers oder nahm Bäume, Gras und Korn als Gleichnisse und predigte bei nächster Gelegenheit darüber.

„Martinus, wenn Ihr nicht mit in die Gärten könnt, so will ich Euch doch davon erzählen und Euch die Früchte und Samen so zu Tische tragen, wie Ihr es liebt." Katharina bedrängte ihren Mann nicht, weil sie wusste, dass er trotz nachlassender Kräfte der wichtigsten Sache diente.

„Ich habe es wohl wegen meiner früheren Sünden nicht verdient, mich einem Garten widmen zu können", seufzte Martinus.

Katharina ging darauf nicht ein. „Wenn Ihr nicht tätet, was Euch Gott aufgetragen hat, wer würde es dann tun?"

Luther hatte schon vor seiner Hochzeit mit Katharina Todesahnungen gehabt. Oft sprach er von seiner Sehnsucht zu sterben – wenn er selbst krank war oder wenn liebe Menschen starben und er am liebsten mitgegangen wäre.

Am 11. November 1545 hatte Martinus wie üblich zu seinem Namenstag eingeladen, der auch sein Geburtstag war. Es war eine große Feier. Die Kinder durften sich am Nachmittag vergnügen und am Abend sprach Luther eindringlich zu seinen Kollegen, dass er seinem baldigen Tod entgegensehe. Er ermahnte sie, der evangelischen Kirche die Treue zu halten, denn er fürchte, dass aus dem eigenen Lager die Menschen abfallen würden, wenn er tot sei, weil es einfacher sei, dem alten Glauben anzuhängen.

Katharina ging die Rede ihres Mannes zu Herzen. Seine Worte erfüllten sie mit Sorge und Trauer, denn sie wusste, wovon Martinus sprach. Die Wankelmütigen und Feinde hatten Namen und Macht. Sie hatten spitze Zungen und Waffen. Und ihr liebster Martinus tat sich schon morgens schwer beim Aufstehen. Sie musste ihm hochhelfen, denn das Furunkel am Bein pochte schon seit Wochen, obwohl die Wunde offen gehalten wurde. In der Nacht musste sich Martinus oft im Bett aufrichten, damit er genug Luft bekam. Sie sprang dann auf, öffnete die Fenster und brachte ihm Riechwasser. Sie konnte ihm die Hand halten und mit ihm beten, aber das ersetzte ihm nicht den Schlaf, den er so dringend benötigte.

Egal, wie elend Martinus sich fühlte, er hatte offene Ohren für seine Kinder und alle, die in Not waren. Am Nikolaustag wurde wieder gefeiert. Katharina hatte Geschenke bereitgelegt, damit Martinus sie den Kindern übergeben konnte. Doch es war nicht nur ein Fest für die Kinder, denn der Sinn war ja, dass sich die Botschaft des heiligen Nikolaus allen Christenmenschen einprägte. Darüber wurde den ganzen Tag gesprochen und davon gesungen.

Für Katharina waren alle Festtage mit viel Arbeit verbunden, aber das machte ihr nichts aus. Denn schmeckte das Essen je besser als an Feiertagen? War es nicht eine schöne Gelegenheit, Junge und Alte zu erfreuen und selbst die Schwachen und Armen am Leben teilhaben zu lassen?

Am 1. Januar 1546 wünschten sich alle ein gutes neues Jahr. Die Bediensteten im Hause Luther bekamen ein reichliches Geldgeschenk, das ihnen der Doktor nach einer zweistündigen Rede überreichte, in der er sie zu Frömmigkeit, Treue und Gehorsam ermahnte.

Katharina war dankbar, als ein Bote von Gräfin Dorothea von Mansfeld kam. Diese Frau hatte ihrem Mann schon bei vielen Krankheiten die rechte Arznei verordnet. In ihrem Schreiben mahnte sie Luther zu mehr Bewegung und bat ihn, das Geschwür am Unterschenkel mit Umschlägen auszukurieren und sich nicht vom kurfürstlichen Leibarzt mit schmutzigem Werkzeug darin herumstochern zu lassen. Sie lobte die wertvollen Pulver aus zerriebenem Bernstein und Fischknöchelchen und bat auch, ihr Niespulver anzuwenden. Katharina hatte schon oft mit angesehen, wie die heilkundige Frau ihrem Mann Erleichterung verschaffen konnte. Der weiße Aquavit sollte bei Ohnmacht angewandt werden. Gelber Aquavit half gegen Beklemmungen in der Brust und gegen Magenbeschwerden.

Obwohl Luther sich müde fühlte, tat er, so viel er konnte. Im tiefen Winter machte er sich auf den Weg und reiste nach Eisleben, wo ihn die drei Grafen Albrecht, Hans-Georg und Philipp von Mansfeld gebeten hatten, einen Erbstreit unter ihnen zu schlichten. Katharina war besorgt um ihren Mann, konnte ihn jedoch nicht von der Reise abhalten. Also packte sie alles ein, was ihrem Martinus nützlich sein konnte. Es würde gewiss einen Monat und länger dauern, bis sie ihn wiederhatte.

Luther wünschte, dass seine drei Söhne ihn auf der Fahrt begleiteten. So machten sich auch die Söhne reisefertig, die jetzt zwischen dreizehn und neunzehn Jahre alt waren. Sie wussten, dass sie auf der Reise mit dem Vater viel erleben würden. Gewiss stand an jeder Wegkreuzung jemand, der einen Rat oder einen kurzen Aufenthalt des Geistlichen wünschte. Und sie würden erleben, wie viel Achtung ihrem Vater entgegengebracht wurde. Die vielen Verwünschungen gegen den Aufwiegler verstummten meist. Die Jungs hatten nur zu gut die Sorge der Mutter um ihren Mann wahrgenommen. Sie sahen ja auch mit eigenen Augen, wie hinfällig ihr starker Vater manchmal war.

Am 23. Januar, als es regnete, was vom Himmel nur so auf den alten Schnee fallen konnte, fuhren sie los. Katharina blieb mit Maruschel in Wittenberg zurück. Sie wusste, dass er schon bald den ersten Brief an sie schreiben würde.

Und sie hatte recht. Kaum dass sie sich angewöhnt hatte, des Nachts allein zu liegen, kam ein Brief. Es war der erste der sechs letzten Briefe, die ihr Mann an sie schrieb. Der Brief war wie immer voll mit Nachrichten und gegenseitiger Zuneigung. Noch wussten beide nicht, dass sie sich nicht wiedersehen sollten.

Wie immer fühlte sich Katharina wie ein Kind, wenn sie Post erhielt. Sie eilte in eine stille Ecke und las:

Halle, 25. Januar 1546.
Meiner freundlichen, lieben Käthe Lutherin, Brauerin und Richterin auf dem Saumarkte zu Wittenberg zu Händen. Gnad und Friede im Herrn! Liebe Käthe! Wir sind heute um acht aus Halle gefahren, aber sind nicht nach Eisleben gekommen, sondern um neun wieder nach Halle eingezogen. Denn es begegnete uns eine große Wiedertäuferin mit Wasserwogen und großen Eisschollen und drohte uns mit der Wiedertaufe und hat das Land bedeckt. Doch können wir auch nicht zurück wegen der Mulde nach Bitterfeld und müssen allhier zu Halle zwischen den Wassern gefangen liegen.

Nicht dass es uns danach dürstete zu trinken, wir nehmen dafür gut Torgisch Bier und guten rheinischen Wein, damit laben und trösten wir uns dieweil, dass die Saale heut wolle auszürnen. Denn weil die Leute und selbst die Fährmeister kleinmütig waren, haben wir uns nicht ins Wasser begeben und Gott versuchen wollen. Denn der Teufel ist uns gram und der wohnt im Wasser.

*Betet für uns und seid fromm! Ich denke, wärest Du
hier, so hättest Du uns auch geraten, es so zu tun; damit Du siehst, dass wir auch einmal Deinem Rat folgen.
Hiermit Gottbefohlen, Amen.
An St. Paulus' Bekehrungstag,
da wir auch uns von der Saale gen Halle kehrten.
Martinus Luther D.*

Katharina atmete auf. Sie sah ja auch das Hochwasser in
der Elbe mit Sorge und musste insgeheim zugeben, dass
der neue Wall in Wittenberg eine Überflutung verhindern
konnte. Aber ihr Mann samt den Söhnen war zwischen
den Wassern gefangen.

Maruschel war zur Mutter getreten, und Katharina
überließ ihr den Brief. „Wenn sie nur nicht zu früh über-
setzen", sorgte sich auch Maruschel. „Sie sollten lieber
noch einen Tag warten."

Katharina erklärte Maruschel, dass sich die Männer
um ihre Sorgen nicht kümmern würden. „Alle Sorgen,
die wir haben, sind für Martinus unverständlich und ein
Gräuel, wie es die Wiedertäufer und die Juden sind. Wir
können nur beten, Maruschel!"

Sie beteten und bauten um den Teich am Saumarkt einen
Weidenzaun, damit, wenn das Gebiet überschwemmt
würde, nicht alle Karpfen fortschwammen. Katharina
hatte selbst den halben Tag im kalten Wasser gestanden.
Am Abend schmerzten ihre Handgelenke und wollten
kaum noch die Töpfe auf den Tisch bringen.

Aber als ein Bote kam, verwandelte sie sich in ein

Kind. Sehnsüchtig wartete sie darauf, Zeit zu finden und zu lesen.

1. Februar 1546.

Meiner herzlieben Hausfrau, Katharina Lutherin, Doktorin, Zülsdorferin, Saumarkterin und was sie mehr noch sein kann. Gnad und Friede in Christo (…)!

Liebe Käthe! Ich bin wahrlich schwach gewesen auf dem Weg hart vor Eisleben, das war meine Schuld. Aber wenn Du wärest dagewesen, so hättest Du gesagt, es wäre der Juden oder ihres Gottes Schuld gewesen. Denn wir mussten durch ein Dorf hart vor Eisleben, darinnen viel Juden wohnen; vielleicht haben sie mich so hart angeblasen. So sind hier in Eisleben jetzt diese Stund über fünfzig Juden wohnhaft. Und wahr ist's: Da ich an dem Dorf vorbeifuhr, ging mir ein solcher kalter Wind durchs Barett, als wollt mir's das Hirn zu Eis machen. Solches mag mir zum Schwindel etwas geholfen haben. Aber jetzt bin ich, gottlob, wohlauf, nur dass die schönen Frauen mich so hart anfechten, dass ich weder Sorge noch Furcht habe vor aller Unkeuschheit. (…)

Ich trinke Naumburgisch Bier, fast des Geschmacks, den Du am Mansfelder mir einst gelobt hast. Es gefällt mir gut, macht mir des Morgens wohl drei Stuhlgänge in drei Stunden. Deine Söhnchen sind gen Mansfeld gefahren vorgestern, weil Hans von Jena so demütiglich gebeten hatte; weiß nicht, was sie da machen. Wenn's kalt wäre, könnten sie helfen frieren; da es nun warm ist, könnten sie wohl anders tun oder leiden, wie es ihnen gefällt.

Hiermit Gott befohlen samt allem Hause, und grüß alle Tischgesellen.

Am Tage vor Maria Reinigung 1546
M. Luther, Dein altes Liebchen.

Katharina war zufrieden, dass ihre Söhne sich nach Mansfeld abgesetzt hatten. So konnte doch jeder tun, was ihm beliebte. Doch sie fürchtete, dass Martinus, als er bei Eisleben zu Fuß ging, sich arg erkältet hatte. Sie kannte ihren Mann: Er debattierte und erhitzte sich so beim Gehen, dass ihm hernach der eisige Wind auf den Schweiß blies.

Sie war unruhig in der Nacht. Länger als eine Woche sollten sie nicht getrennt sein. Sie hoffte und betete inständig, der Streit könne bald geschlichtet werden, damit Martinus bald heimkehren und sich ausruhen könne.

Eisleben, 6. Februar 1546.
Der tiefgelehrten Frau Katharina Lutherin, meiner gnädigen Hausfrau zu Wittenberg. Gnad und Fried!

Liebe Käthe! Wir sitzen hier und lassen uns martern und wären wohl gern davon, aber es kann noch nicht sein (wie mich dünkt) in acht Tagen. Magister Philippus magst Du sagen, dass er seine Postille korrigiere, denn er hat nicht verstanden, warum der Herr im Evangelium die Reichtümer Dornen nennt. Hier ist die Schule, da man solches verstehen lernt. Aber mir graut, dass allewege in der Schrift den Dornen das Feuer angedroht wird, darum ich desto größere Geduld habe, dass ich mit Gottes Hilfe könnte etwas Gutes ausrichten.

Deine Söhnchen sind noch zu Mansfeld. Sonst haben wir zu fressen und saufen genug und hätten gute Tage, wenn das verdrießliche Geschäft nicht wäre. Mich dünkt, der Teufel spottet unser; Gott möge ihm wiederum spot-

ten. Amen. Bittet für uns. Der Bote eilt sehr.
Am St. Dorotheentag 1546, Martinus Luther D.

In einer Woche konnte Martinus also noch nicht mit den Söhnen zurück sein. Aber vielleicht in zehn Tagen? Es musste sich wahrlich um reichlich Dornengestrüpp bei den Grafen von Eisleben handeln, wenn man so lange darum streiten musste. Sie würde gleich zu Philippus hinübergehen und ihn um die Abänderung der Postille bitten. Dann würde sie sich hinsetzen und dem Doktor schreiben, dass er sich nicht erkälten solle. Und er dürfe auch nicht wieder mit nassem Mantel so dicht am Herde stehen, dass dieser Brandlöcher bekomme. Sie schrieb ihm von den Besuchern im Haus und dass bereits drei Platz genommen hätten und auf ihn warteten. Und sie ermahnte ihn, erst dann zu reisen, wenn die Saale aufgehört hatte, ein wildes Tier zu sein.

Der Bote ritt noch am selben Tag mit dem Brief zurück. Auch Martinus wurde nicht müde zu schreiben.

Eisleben, 7. Februar 1546.
Meiner lieben Hausfrau Katharina Lutherin, Doktorin, Saumarkterin zu Wittenberg, meiner gnädigen Frau zu Händen und Füßen.

Gnad und Friede im Herrn! Lies Du, liebe Käthe, den Johannes und den kleinen Katechismus, wovon Du einmal sagtest: „Es ist doch alles in dem Buch mir gesagt." *Denn Du willst sorgen für Deinen Gott, gerade als wäre er nicht allmächtig, der da könnte zehn Doktor Martinus schaffen, wenn der einzige alte ersöffe in der Saale oder*

im Ofenloch oder auf Wolfs Vogelherd. Lass mich zu-
frieden mit Deiner Sorge; ich habe einen besseren Sorger,
denn Du und alle Engel sind, der liegt in der Krippen und
hängt an der Jungfrauen Zitzen, aber sitzet gleichwohl
zur rechten Hand Gottes, des allmächtigen Vaters; dar-
um sei zufrieden. Amen.

Katharina hatte bis dahin gelesen und regte sich erst einmal auf. Da war ihr Mann oft störrischer und unvernünf-
tiger als alle Kinder zusammen und sie sollte sich nicht
sorgen! Die Freude über den Brief und die Entrüstung
über den unverständigen Mann, der ihr immer auftrug,
in der Bibel zu lesen, damit er seine Ruhe hatte, musste
sie erst einmal verdauen.

Aber als sie weiterlas, was er über die Kämpfe der Verhandlungen schrieb und sich ereiferte, wie es Menschen
geben könne, die die Juden auch noch schützten, und
von seinem Zorn, dem er nicht Einhalt gebieten konnte,
verstand sie seinen rauen Ton. Wenn Martinus kämpfte,
dann wollte er nicht auch noch auf ihre Ermahnungen
hören. Sie las die letzte Seite zweimal, weil er sich dort
wieder beruhigt hatte:

Du sollst Magister Philippus diesen Brief lesen lassen,
denn ich hatte nicht Zeit, ihm zu schreiben. Damit kannst
Du Dich trösten, dass ich Dich gerne lieb hätte, wenn ich
könnte, wie Du weißt, und er gegen seine Frau vielleicht
auch weiß und alles wohl versteht.

Wir leben hier wohl und der Rat schenkt mir zu jeg-
licher Mahlzeit ein halb Stübchen Reinfal, der ist sehr

gut. Zuweilen trink ich es mit meinen Gesellen. So ist der
Landwein hier gut und Naumburgisch Bier sehr gut, nur
dass mich dünkt, es macht mir die Brust voll Schleim mit
seinem Pech. Der Teufel hat uns das Bier in aller Welt
mit seinem Pech verdorben, und bei Euch den Wein mit
Schwefel. Aber hier ist der Wein rein, freilich nur, was des
Landes Art hergibt. Und wisse, dass alle Briefe, die Du
geschrieben hast, sind hierhergekommen ...
Am Sonntag nach Dorotheentag 1546
Dein Liebchen Martinus Luther D.

Katharina brachte den Brief selbst zu Philippus und
konnte ihrer Gefühle nicht Herr werden, dass ihr liebster
Gatte wieder Schleim auf der Brust hatte. Gewiss würde
er nun nachts wach liegen, im Bett sitzen und um Luft
ringen. Und sie sollte ruhig schlafen und sich nicht um
ihren einzigen Martinus sorgen! Gott ist wirklich groß,
aber dennoch hatte er nur einen einzigen Martinus wie
ihn geschaffen. Und wie sehr er ihrer war, bemerkte sie
an der Unruhe, die sie ergriff.

Am liebsten hätte sie Maruschel genommen und wäre
selbst durch alle Unwetter nach Eisleben gefahren. Was
blieb ihr anderes übrig, als noch einen Brief, Brustsalbe
und das Gebet zu Luther zu senden, das Maruschel für
ihren Vater und ihre Brüder erdichtet hatte?

Eisleben, 10. Februar 1546.
Der heiligen, besorgten Frau, Katharina Lutherin, Dok-
torin, Zülsdorferin, zu Wittenberg, meiner gnädigen, lie-
ben Hausfrau. Gnad und Friede in Christo! Allerheiligste

Frau Doktorin! Wir danken Euch ganz freundlich für Eure große Sorge, vor der Ihr nicht schlafen könnt. Denn seit der Zeit, seit der Ihr für uns gesorgt habt, wollt uns das Feuer verzehrt haben in unserer Herberge, hart vor meiner Stubentür. Und gestern, ohne Zweifel aus Kraft Eurer Sorge, wäre uns schier ein Stein auf den Kopf gefallen und hätte uns zerquetscht wie in einer Mausefalle. Denn es rieselte in unserem heimlichen Gemache (Toilette) wohl zwei Tage über unserem Kopf Kalk und Lehm, bis wir Leute dazunahmen, die den Stein anrührten mit zwei Fingern: Da fiel er herab, so groß wie ein langes Kissen und eine große Handbreit; der hatte im Sinn, Eurer heiligen Sorge zu danken, wenn die lieben Engel nicht gehütet hätten. Ich habe Sorge, wenn Du nicht aufhörst zu sorgen, es könnte uns zuletzt die Erde verschlingen und alle Elemente verfolgen.

Lernst Du so den Katechismus und das Glaubensbekenntnis? Bete Du und lasse Gott sorgen. Dir ist nicht befohlen, für Dich oder mich zu sorgen. Es heißt: „Wirf dein Anliegen auf den Herrn, der sorgt für dich", Ps. 55,23 und an vielen Stellen mehr.

Katharina konnte ihrem Gemahl gratulieren. Er hatte es geschafft, dass sie, die heilige, besorgte Doktorin und was sie sonst noch alles für ihn war, dasaß und weinte. Was war denn wirklich geschehen? Hatte es etwa gebrannt oder war es nur die Einleitung zum Spott über ihre Sorgen? Das mit dem großen Stein musste ja wohl so gewesen sein; so etwas hätte er nicht erfunden. Aber wenn sie ihn fragen würde, würde er nur lachen ... Ach, was wusste er denn davon, dass sie trotz allem Beten, Bibellesen und Arbeiten sich trotzdem sorgte! Er sollte sie doch endlich mal so nehmen, wie sie war!

Maruschel sah ihre Mutter über dem Brief weinen. „Mutter, ist etwas geschehen? Sind Vater und die Brüder wohlauf?"

Katharina beruhigte das Kind: „Es ist alles in Ordnung, denn sie haben viele Schutzengel, die sie vor Feuer und herabfallenden Steinen bewahren." Sie versuchte Maruschel zu erklären, was damit gemeint war, obwohl sie bei der Fabulierkunst ihres Mannes selbst nicht wusste, wie das alles zu deuten wäre. Aber sie hatte noch nicht zu Ende gelesen:

Wir sind gottlob frisch und gesund, nur dass Jonas wollte gern einen bösen Schenkel haben, da er sich an einer Lade zufällig gestoßen hat. So gar groß ist der Neid in den Leuten, dass er mir nicht will gönnen, allein einen bösen Schenkel zu haben.

Hiermit Gott befohlen. Wir wollten nun fortan gern los sein und heimfahren, wenn's Gott wollte. Amen.
Am Tag Scholasticae 1546.
Eurer Heiligkeit williger Diener Martinus Luther.

Nun hatte sich also Bugenhagen ein kaputtes Bein geholt. Ob er dann so bald wieder zurück nach Halle zu seiner Familie konnte? Und wie Martinus über sein wehes Bein scherzen konnte. Wer half ihm wohl morgens aus dem Bett?

Aber plötzlich – als ob sich eine Hand auf Katharina gelegt hätte – wurde sie ruhig und wusste, dass sie selbst tatsächlich kein Schutzengel sein konnte. Es geschah, was geschehen sollte. „Wir können dem Leben keine Spanne dazusetzen." So stand es schon in der Bibel und sie verstand doch sonst auch die andern nicht, wenn sie nicht glauben konnten. Aber wenn man einen Mann so sehr liebt, muss man ganz anders glauben können. Dann muss Gott zu jeder Stunde aufs Neue die Sorgen und Ängste vertreiben.

Am 6. Februar hatte Martinus geschrieben, er brauche mehr als acht Tage, um heimkehren zu können. Aber da war endlich wieder ein Brief! Darin würde wohl stehen, dass nun die Heimreise anstand.

Eisleben, 14. Februar 1546.
Meiner freundlichen, lieben Hausfrau, Katharina Luthe-
rin von Bora zu Wittenberg zu Händen. Gnad und Friede
im Herrn!
Liebe Käthe! Wir hoffen, diese Woche wieder heim-
zukommen, so Gott will. Gott hat große Gnade hier er-
zeigt. Denn die Herren haben durch ihre Räte fast alles
in Einklang gebracht bis auf zwei Artikel oder drei, un-
ter welchen ist, dass die zwei Brüder, Graf Gebhard und
Graf Albrecht, wiederum Brüder werden, was ich heute
soll vornehmen. Ich will sie zu mir zu Gast bitten, dass
sie auch miteinander reden. Denn sie sind bis jetzt stumm
gewesen und haben sich mit Schriften hart verbittert.
Sonst sind die jungen Herren fröhlich, fahren zusammen
mit Narrenglöcklein auf Schlitten, und die Fräulein auch,

und bringen einander Mummenschanz (Geschenke) und sind guter Dinge, auch Graf Gebhards Sohn. So muss man begreifen, dass Gott ist exauditor precum (ein Erhörer der Gebete).

Ich schicke Dir Forellen, die mir die Gräfin Albrechts geschenkt hat; die ist von Herzen froh über die Einigkeit. Deine Söhnchen sind noch zu Mansfeld; Jakob Luther wird sie gut versorgen. Wir haben hier zu essen und zu trinken vollauf wie die Herren, und man wartet unser gar schön und allzu schön, dass wir Eurer fast vergessen möchten zu Wittenberg. So ficht mich der Stein, gottlob, auch nicht an. Aber Doktor Jonas' Bein wäre schier schlimm geworden, so hat es Löcher bekommen auf dem Schienbein. Aber Gott wird auch helfen. Solches alles magst Du Magister Philipp anzeigen, Doktor Pommer und Doktor Cruciger.

Hier ist das Gerücht hergekommen, dass Doktor Martinus sei weggeführt, wie man zu Leipzig und Magdeburg redet. Solches erdichten die Naseweisen, Deine Landsleute. Etliche sagen, der Kaiser sei 30 Meilen Wegs von hier, bei Soest in Westfalen, etliche, dass der Franzose Landsknechte anwerbe, der Landgraf auch. Aber lass sagen und singen, wir wollen warten, was Gott tun wird. Hiermit Gott befohlen. Amen.

Zu Eisleben, am Sonntag Valentini 1546.

Katharina freute sich, denn nun würde ihr Mann sich aufmachen und nach Wittenberg zurückkehren. Sie trieb Knechte und Mägde an, alles vorzubereiten, denn der Doktor käme und brächte sicher Besucher mit. Maruschel freute sich, dass dann auch ihre Brüder wieder heimkamen. Sie wollte ihnen zeigen, dass die seltenen Enten, die sie seit Zülsdorf besaßen, im zeitigen Februar bereits auf den Eiern saßen und jeden anfauchten, der ihnen zu nahe kam.

Katharina ließ es sich nicht nehmen, die Pferde selbst zu striegeln. Sie wollte ihrem Mann ein Stück entgegenfahren, so wie damals vor neun Jahren, als er so schwer krank war und dann doch wieder lebendig wurde. Katharina erzählte Maruschel diese Geschichte, denn damals war sie noch zu klein gewesen.

In der Nacht vom 17. auf den 18. Februar durfte Maruschel im Bett ihrer Mutter vorschlafen. Und als Katharina spät abends das Kind auf Luthers Bettseite packte, murmelte es: „Sind Vater und die Brüder gekommen?"

„Noch nicht, Maruschel, aber sie machen sich jetzt auf den Weg und es ist eine weite Reise."

Katharina betete, dass Gott seine Reiseengel nach Eisleben senden und die Fahrt in Frieden geschehen möge.

Während Katharina schlief, trat Luther seine letzte Reise an. Im Haus des Stadtschreibers Johann Albrecht in Eisleben hatte er während der Verhandlungen Unterkunft gefunden. Gegen acht Uhr am Abend hatte er starke Schmerzen in der Brustgegend. Schnell eilte ein Freund zum Grafen Albrecht und holte eine Arznei aus geschabtem Einhorn. Anschließend schlief Martinus eine Stunde.

Um zehn Uhr wollte er dann zu Bett gehen und befahl sich Gott mit dem üblichen Sterbespruch aus Psalm 31: „In deine Hände befehle ich meinen Geist; du hast mich erlöst, Herr, du treuer Gott." Mit seinem unschlagbaren Humor forderte er die Anwesenden auf, für ihn zu beten, denn der Papst samt dem Concilium in Trient gönnten ihm ja keinen Frieden.

Um ein Uhr erwachte Martinus erneut vor Schmerzen und legte sich auf die Bank in der Stube, wo er von beiden Ärzten der Stadt, dem Grafen Albrecht und seiner weisen Frau Anna, seinen Söhnen und Freunden umsorgt wurde. Luther rechnete nüchtern damit, in Eisleben, der Stadt, in der er geboren wurde, auch zu sterben. Voller Zuversicht und ohne die üblichen katholischen Sterbesakramente auch nur zu erwähnen, bekräftigte er seinen Glauben. „Du hast mich erlöst, du Gott der Wahrheit. Ich fahr dahin in Fried und Freud. Amen."

Um drei Uhr atmete er noch einmal tief durch und schloss dann für immer die Augen.

Als der Morgen in Eisleben dämmerte, läuteten die Totenglocken. Martinus Luther wurde in der Kirche aufgebahrt und viele Bürger standen Totenwache. Nicht nur die Grafen hätten ihm gerne in Eisleben die letzte Ruhestätte angeboten, aber der Kurfürst verfügte, dass sein treuer Freund in der Wittenberger Schlosskirche beigesetzt wurde.

Selbst schnelle Boten brauchten einen Tag und eine Nacht, um von Eisleben nach Wittenberg zu reisen. Aber die Nachricht vom Tod ihres Mannes sollte kein Bote überbringen. So eilte Melanchthon und fand Katharina, die ihn fragend anstarrte, weil er nicht einmal einen freundlichen Gruß über die Lippen gebracht hatte, wo er doch sonst in seiner steifen Art jeden, der ihm begegnete, freundlich grüßte.

Sie wurde weiß und setzte sich. Sie schwieg und nahm es Melanchthon nicht ab zu sprechen. Doch mit jedem Wort, womit er die Frau trösten wollte, machte sich in ihr neuer Schmerz breit. Katharina wankte der Boden. Sie sah um sich und musste sich festhalten.

„Ich hätte bei ihm sein sollen und ihn pflegen müssen! Und wie geht es unseren Söhnen? Wie geht es seinen armen Söhnen?"

Die nächsten Tage erlebte Katharina wie im Traum. Sie brauchte kein Essen oder Trinken. Sie schlief nicht und wachte nicht. Sie erfuhr, dass ihrem Mann ein weißer Schwabenkittel angezogen wurde und ihm ein Zinnsarg gegossen würde. Jonas sollte in Eisleben noch eine gewaltige Leichenpredigt gehalten haben und am Nachmittag ging die Reise über Halle, Bitterfeld und Kemberg, bis sie sich am 22. Februar Wittenberg näherten.

Nun striegelte Katharina im Morgengrauen wieder die Pferde, wie sie es die Tage zuvor ständig getan hatte. Sie alle wollten Martinus entgegenfahren, damit sie ihm das letzte Geleit in die Stadt geben konnten.

„Wir erweisen nun Eurem liebsten Vater und aller Gläubigen großem Mann die letzte Ehre." Katharina achtete auf Maruschels Kleidung und betete, ehe sie in das kleine Wägelchen stiegen. Sie begrüßte die lieben Frauen, die mit ihr kamen. Sie hielten sich an den Händen, beteten, strichen dem Kind über den Kopf. Katharina sagte zwar, dass sie keines Trostes bedürfe, weil sie doch einen solch segensreichen Mann gehabt habe. Aber alle merkten, dass sie in ihrem Kummer kaum noch deutlich sehen konnte. Die Zügel überließ sie lieber einem andern.

Drei Stunden später reihte sich Katharinas Gefährt in den Trauerzug ein. Sie formierten sich vor dem Elstertor. Dort lagen auch ihre Gärten, und Katharina konnte die Bäume sehen, die Martinus beschnitten und gepfropft hatte.

„Schau, Maruschel, alle neuen Bäume, die dein Vater im Herbst aufgestockt hatte, haben Saft in sich. Ich habe es vor wenigen Tagen geprüft. Gott hat alles gesegnet, was er tat. So wird auch er mit den Knospen auferstehen am Jüngsten Tag." Maruschel hatte eine andere Mutter an ihrer Seite. Sie hörte und redete zwar, aber es war, als ob sie in Gedanken spazieren gehen würde.

Dem Zug voran zogen Studenten und Geistliche. Ihnen folgten die Beauftragten des Kurfürsten und die Grafen von Mansfeld mit etwa 65 Berittenen. Dann kam, von vier prachtvollen Pferden gezogen, der Wagen mit dem Sarg; bedeckt mit einem schwarzen Tuch, auf dem ein weißes Kreuz gestickt war. Dahinter fuhr der Wagen, in dem Katharina, Maruschel und die anderen Frauen saßen.

Katharina sah auf das schwarze Tuch. Darunter lag also ihr liebster Martinus. Wie gerne hätte sie ihn einmal, einmal nur noch angeschaut und berührt. Aber die Wagen rollten auf Wittenberg zu, ohne innezuhalten. Hans, Martin und Paul sowie Angehörige gingen zu Fuß. Danach kam der Rektor der Schule mit den adligen Studenten. Ihnen schlossen sich Kanzler Brück, Melanchthon, Jonas Bugenhagen, Cruciger und Hieronymus Schürf als die vornehmsten Doktoren der Universität an, dahinter gingen die übrigen Doktoren und Magister. Es folgten der Wittenberger Rat, die Studenten und Bürger. Das Ende des Zuges bildeten Frauen und Kinder.

In der Schlosskirche wurde der Sarg gegenüber der Kanzel abgestellt. Katharina lauschte Bugenhagens Leichenpredigt:

„Gott hat durch Luther der Kirche Deutschlands und vielen anderen Nationen unaussprechliche Gaben und Gnade zukommen lassen. (…) In der Trauer um diesen Mann wissen wir uns verbunden mit christlichen Königen, Fürsten und Städten, die das Evangelium im Glauben erkannt haben. Aber auch die Gegner Luthers dürfen sich nicht freuen, denn seine gewaltige, selige, göttliche Lehre lebt. (…)"

Katharina wusste, welche Worte immer weiterleben würden: die alten Worte, denen ihr Mann aufs Neue Leben eingehaucht hatte. In der Stunde, in der sich auch noch die Rede Melanchthons und anderer anschloss, fühlte sie sich nicht allein. Sie wurde getragen von der wohltuenden Würdigung ihres Mannes. Keiner der Anwesenden saß mit trockenen Augen dabei. Alle, die ihre Stimme erklingen ließen, gerieten immer wieder ins Wanken und suchten unter Schluchzen nach Worten.

In den folgenden Tagen wurde Katharina von ihren Erinnerungen an die gemeinsame Zeit regelrecht überfallen. Gleichzeitig liefen im Schwarzen Kloster immer noch die Verbindungen der Reformation zusammen. So hatte sie alle Hände voll zu tun. Hans, Martin, Paul und Maruschel halfen sich gegenseitig, indem sie sich ihren Kummer erzählten. Ab und zu redeten sie auch über ihre Zukunft.

Was tut eine Mutter in solchen Zeiten? Sie sagte den großen Buben, dass Gott sie nicht im Stich lasse. Am Abend sammelte sie ihre vier Kinder um sich und betete mit ihnen. Jedes Kind durfte sagen, worüber es betrübt war, und alle sagten darauf: „Amen." Katharina duldete aber nicht, dass nur geklagt wurde. Jeder sollte auch einen Dank formulieren, denn das sei wichtig, gerade in Zeiten der Anfechtung.

Maruschel durfte nun immer bei ihrer Mutter schlafen. Wenn sich Katharina spätabends zu ihr legte, strich sie dem Kind noch über die Wangen und deckte es gut zu. Sie selbst legte sich still daneben und hoffte, durch ihr Weinen nicht das Kind zu wecken oder zu beunruhigen.

Schlaf fand sie nicht, aber die Erinnerungen fanden zu Katharina. Die Zeit lief einundzwanzig Jahre zurück. Sie ging ins Schwarze Kloster, weil Doktor Martinus sie zum ersten Mal gerufen hatte.

„Ich habe Euch vermisst", hatte er gesagt. Und danach sprach er nur noch von „uns". Sie waren ein Paar. Und sie hatte das Brautbett gerichtet, auf dem sie jetzt lag. Sie hatte ihr Brautlied gesungen und Gott war so greifbar nah gewesen. Die Liebe zum Evangelium und zu ihrem Mann war ihr Lebenssinn geworden. Jetzt lag die einzige ihrer drei Töchter neben ihr. Bald würde sie kein Kind mehr sein. Und die Jungen trugen alle ihres

und ihres Martinus' Blut. Sie standen da wie ein Boll-
werk gegen Zweifel und Kummer und das Wort Gottes
brannte in allen Städten wie Pechfackeln und reinigendes
Feuer.

Katharina fand keinen Schlaf. Zu viele Gedanken gingen ihr durch den Kopf. Sollte sie die Tischgemeinschaf-
ten im Haus auflösen? Alle Studenten entlassen? Die Mitte fehlte bei den Tischrunden, denn der Lehrer war tot.
Sie würde es tun müssen. Sie würde noch mit Melanchthon darüber sprechen, er wusste so guten Rat. Und sie
betete noch einmal mit den Worten ihres Mannes:

> *Mitten in dem Tod anficht*
> *uns der Hölle Rachen.*
> *Wer will uns aus solcher Not*
> *frei und ledig machen?*
> *Das tust du, Herr, alleine.*
> *Es jammert dein Barmherzigkeit*
> *unsre Klag und großes Leid.*
> *Heiliger Herre Gott,*
> *heiliger starker Gott,*
> *heiliger barmherziger Heiland,*
> *du ewiger Gott:*
> *Lass uns nicht verzagen*
> *vor der tiefen Hölle Glut.*
> *Kyrieleison!*

Nachts stand Katharina wieder auf. Obwohl es kalt war,
weil die Feuer klein gehalten wurden in den Nächten,
setzte sie sich an den Tisch und schrieb:

Wittenberg, 2. April, 1546.

Meine liebe Schwägerin Christiana von Bora, Gnade und Friede von Gott, dem Vater unseres lieben Herrn Jesus Christus, freundliche liebe Schwester! Dass Ihr ein herzlich Mitleiden mit mir und meinen armen Kindern tragt, glaube ich leichtlich. Denn wer wollte nicht billig betrübt und bekümmert sein um solchen teuren Mann, als mein lieber Herr gewesen ist, der nicht allein einer Stadt oder einem ganzen Land, sondern der ganzen Welt viel gedient hat?

Derhalben bin ich so sehr betrübt, dass ich mein großes Herzeleid keinem Menschen sagen kann, und weiß nicht, wie mir zu Sinn und zumute ist. Ich kann weder essen noch trinken. Auch dazu nicht schlafen. Und wenn ich hätte ein Fürstentum oder Kaisertum gehabt, sollt mir so Leid nimmermehr geschehen sein, so ich es verloren hätte, als nun unser lieber Herrgott mir – und nicht allein mir, sondern der ganzen Welt – diesen lieben und treuen Mann genommen hat. Wenn ich daran denke, so kann ich vor Leid und Weinen (so Gott wohl weiß) weder reden noch schreiben. Wie ihr leichtlich selbst, liebe Schwester, zu ermessen habt. Damit Gott befohlen! Katharina, des Herrn Doktor Martinus Luthern nachgelassene Wittib.

Katharina legte den Federkiel zur Seite und las noch einmal den Brief durch. Dabei wunderte sie sich, warum sie so warme Füße hatte. Und diese waren dazu noch wie festgeklebt. Sie sah unter den Tisch und da lag Maruschel zusammengerollt um ihre Beine auf dem blanken Boden und schlief.

Katharina erschrak zutiefst. Sie hob das zarte Mädchen auf und trug es ins Bett zurück. „Maruschel, du musst doch im Bett unter der Decke bleiben!" Katharina sprach ernst mit dem Kind.

Doch Maruschel erwiderte: „Mutter, ich lass Euch nie allein!"

„Aber nun schlaf", besänftigte Katharina das Kind.

„Erst, wenn Ihr schlaft", beharrte Maruschel und setzte sich aufrecht ins Bett. Katharina gab sich alle Mühe, für Maruschel zu schlafen. Das Mädchen sang ihr noch ein Schlaflied und band ihren Zopf an Mutters Zopf, damit sie nicht aufstehen solle.

Am nächsten Tag kündigte Katharina den Studenten ihre wohnlichen Zellen und löste die Tischgesellschaft auf. Doch es geschah, was sie nicht vermutet hatte: In den kommenden Tagen baten und bettelten die Studenten, doch im Haus bleiben zu dürfen, denn sie wollten bei der Doktorin sein.

Katharina begann wieder gewissenhaft den Haushalt zu führen. In stillen Stunden setzte sie sich hin, rechnete und plante. Stets war Maruschel an ihrer Seite. Deren kleine Hand schob sich unauffällig in die Hand der Mutter. Sie fragte wohl jede Stunde: „Was habt Ihr vor, Mutter?" Oder: „Wie geht es Euch?" Ebenso verhielten sich die Söhne, wie es Katharina nicht kannte. Sie sorgten sich mit der Mutter und begannen zu planen, wie ihre eigene Zukunft aussehen konnte. In Melanchthon, Bugenhagen und vielen anderen Freunden der Reformation hatten sie neue Freunde und Ersatzväter gefunden.

Katharina wusste, dass Gott alles zum Besten werden ließ. Doch gerade zu der Zeit, als sie die ersten Schwalben sah und sich über die frühen trägen Bienen freute, die aus dem Bienenhaus krochen, kam ein amtlicher Bescheid von den kalten, wortgetreuen Rechtsgelehrten. Noch nie war Kanzler Brück der Familie Luther wohlgesonnen gewesen. Stets war es ein Kämpfen und Ringen, um einen Garten oder ein Gut zu erwerben. Doch nun ging Brücks Ansinnen über Katharinas Verständnis.

Zuerst hatte sie die amtliche Mitteilung nur überflogen, weil sie gerade dabei war, alle frisch gewaschenen Laken mit der Magd und Maruschel über den Rasen zu breiten, damit die Sonne sie ausbleichte.

„Macht weiter, wie ich es euch gezeigt habe", sagte Katharina. „Ich werde bald wieder bei euch sein."

Maruschel zog mit der freundlichen Magd Barbara die Tücher an Nähten und Rändern gerade, und sie schlugen sie faltenfrei, indem jede zwei Ecken festhielt und sie dann ruckartig schüttelten und zogen.

„Wenn sich Bienen auf unsere Laken setzen, haben wir in diesem Jahr viel Glück", belehrte die Magd das Mädchen.

„Möchtest du dieses Jahr Glück haben?", fragte Maruschel. Beide wussten, wovon sie sprach. „Daran habe ich aber nicht gedacht", wand sich die nette Frau heraus. Aber Maruschel war in den Gedanken schon weiter. Sie würde Bienen suchen gehen, und wenn die liebe Frau es nicht sah, würde sie diese auf das Tuch setzen. Die Magd merkte es bestimmt nicht, dass sie nachgeholfen hatte.

Katharina ging ins Obergeschoss. In der Studierstube ihres Mannes war es noch kühl, aber die Frühlingssonne leuchtete bunt in den Raum hinein. Sie legte das Schreiben auf den Studiertisch. Was sie dort las, konnte nicht wahr sein, es durfte einfach nicht so kommen!

Der letzte Wille ihres Mannes habe keine Gültigkeit, stand in dem Schreiben, da er für Katharina keinen Vormund bestellt habe. Die Kinder sollten in einen anderen Haushalt zur Erziehung gebracht werden, da sie als Mutter keine strenge Hand habe und die Kinder verwahrlosen würden. Ebenso stehe der Besitz ihres seligen Mannes nicht ihr zur Verfügung, sondern werde bis zur Volljährigkeit der Söhne fremden Verwaltern zur Obhut gegeben. Sie habe das Recht auf Zülsdorf und sämtliche Gärten verloren. Nach geltendem Recht stehe ihr ein Webstuhl und ein Schemel zu …

Katharina hatte im Brief an ihre Schwägerin geschrieben, dass sie lieber ein Fürsten- oder Kaisertum verloren hätte als ihren lieben Mann. Doch nun wusste sie, dass für sie auch die Kinder, die Gärten und Zülsdorf mehr waren als ein Kaiserreich. Sie waren ihr Leben und die Ehre der ganzen Familie. Es war das, was ihr in der Ehe geschenkt worden war, wofür sie mit eigenen Händen gearbeitet hatte. Dies war die Grundlage ihres täglichen Brotes. Sie war dadurch in der Lage, für ihre Kinder zu sorgen und deren Unterhalt zu sichern! Hatte sie es nicht all die Jahre gut getan und dazu noch für andere gesorgt? Hatte Martinus sie nicht seine Herrin, Saumärkterin und Predigerin genannt? Er hatte gewusst, dass sie sich auf Geschäfte verstand. Eine Liebeserklärung an ihre Tatkraft und ihren Verstand war sein Vermächtnis gewesen. Und nun enterbten die Rechtsgelehrten sie!

„O Martinus, ich trage nicht nur meine, ich trage nun auch Eure Wut in mir gegenüber diesem gottlosen Juristengesindel!"

Katharina war ohnmächtig gegenüber den Juristen, das wusste sie. Was würde schon die Klage einer Frau oder minderjähriger Kinder nützen? Sie würden nur lachen über ihre Dreistigkeit. Aber sie hatte einflussreiche Freunde und die würden ihr sicher zur Seite stehen. Sie musste zur Bittstellerin werden. Ja, sie würde alles tun, um die Kinder und ihre Güter zu behalten!

Im Frühling und frühen Sommer verging kein Tag, an dem Katharina nicht außer Haus war und um ihre Kinder und ihren Besitz klagte. Melanchthon war ihr bester Ratgeber. Katharina bat ihn manchmal, ihr Geld zu leihen, wenn sie nicht weiterwusste. Aber auch der Kurfürst war ein wunderbarer Helfer und Bewahrer. Er hielt, was er damals in Schmalkalden ihrem kranken Mann versprochen hatte: „Euer Weib soll mein Weib sein und Eure Kinder meine Kinder." Er focht mit den Juristen und bewirkte, dass Katharina ihre Kinder behalten durfte. Dazu gehörte auch, dass er ihr eine lange, ernste Rede hielt, wie sie die Kinder zu erziehen habe. Er prüfte die erleichterte Frau auf Nieren und Gewissen und versprach ihr, auch weiterhin den jährlichen Ehrensold zu zahlen. Darüber hinaus gab er Katharina 600 Gulden, damit sie das kleine Gut Wachsdorf bei Wittenberg kaufen konnte. Seit Jahren hatte sich Luther darum bemüht, aber Brück hatte es immer zu vereiteln gewusst.

Katharina schrieb nun Bittbriefe und Dankesbriefe. Dazu setzte sie sich in die Stube ihres Mannes, denn dann wusste sie seine Gedanken und das war für sie Hilfe und Trost. Sie hatte alle Wittenberger Gärten bestellt und rang nun noch um Zülsdorf, das Gut ihrer Familie. Inzwischen hatten sich dort fremde Leute eingenistet – ein großer Verlust für ihre Familie. Katharina wusste, dass ihr der Kurfürst auch in diesem Kampf zur Seite stand.

Neben aller persönlichen Not spitzte sich auch die politische Lage immer mehr zu. Der Friede zwischen den evangelischen Ständen und dem katholischen Kaiser konnte nicht mehr aufrechterhalten werden. So sprach Kaiser Karl V. am 16. Juni 1546 eine Kriegserklärung gegen die evangelischen Fürsten und Städte aus. Der Kaiser kam an der Spitze von 8.000 spanischen Reitern. Alle Evangelischen und ihre Familien sollten auf den Scheiterhaufen.

Die Evangelischen hofften auf Hilfe aus der Schweiz und vom König von England. Sie zogen in den Krieg. Auch der Kurfürst marschierte mit seinem ganzen Gefolge an die Donau, wo sich die Kämpfe über Wochen hinzogen.

Der Vetter des Kurfürsten, Herzog Moritz, ergriff die Gelegenheit, das Gebiet des Kurfürsten schutzlos daliegen zu sehen. Er lief zur Gegenpartei über, schrieb am 27. Oktober einen Absagebrief an den Kurfürsten und rückte gleichzeitig erbarmungslos in dessen Land ein. Die Dörfer und Städte waren wehrlos.

Wittenberg jedoch galt als eine sichere Festung, in die sich der Herzog nicht wagte. Die Bürger fühlten sich hinter den dicken Mauern sicher. Da sie jedoch mit so vielen Studenten einer Belagerung nicht standhalten konnten, wurde die Universität kurzerhand aufgelöst. Alle Studenten und Professoren sollten flüchten, ebenso wie alle Männer und Frauen, die für die Reformation gearbeitet hatten. Dazu gehörte auch Katharina. Sie wollte lieber an ihrem Platz bleiben, aber alle redeten auf sie ein, der Kaiser würde in blinder Wut alle Evangelischen abschlachten, sie müsse doch fliehen. Es war wie in den Zeiten der Pest. Alle fragten sich: „Sollen wir bleiben oder weggehen?"

Am 9. November verließ Katharina mit ihren Kindern Wittenberg. Wolf blieb im Schwarzen Kloster zurück. Katharina konnte sich inzwischen völlig auf ihn verlassen. Alle Zuneigung und Treue, die er Luther erwiesen hatte, galt nun auch seiner Herrin.

„Gott segne Euch und behüte Euch. Ich hoffe, vor dem Frühling wieder zurück zu sein", tröstete Katharina ihren Knecht. Sie konnte auch ihrer Magd vertrauen, die ebenfalls in Wittenberg blieb.

Obwohl auch Hans die Kutsche lenken konnte, ließ Katharina es sich nicht nehmen, selbst das Gespann aus der Stadt zu führen. Die Tage waren trübe, und es war gut, dass gerade Neumond war. So hoffte sie, möglichst unbehelligt über Landstraßen nach Magdeburg reisen zu können.

„Wenn Vater noch hier wäre, hätte er sicher viel Arbeit." In aller Not musste Katharina über den Ausspruch ihres zwölfjährigen Paul lachen. Sie hatten still auf dem

Wagen gesessen; Katharina hielt es nicht für ratsam zu singen, um ihre Angst zu vertreiben. Jede Begegnung auf der Straße war mit großer Angst verbunden. Selbst streunende Hunde oder auffliegende Graugänse hatten etwas Unheimliches, worüber sich niemand mehr freuen konnte.

Katharina wollte einfach nur nach Magdeburg. Da wären sie endlich sicher. Während der Fahrt wollte sie mit niemandem sprechen. Denn traf sie auf Evangelische, so lobten diese ihren Mann, den „Wagenlenker Israels", der jetzt so nötig gebraucht würde. Begegneten ihr Katholische, so beschimpften sie Katharina als Hure, Teufelsweib und Schuldige am ganzen Kriegselend. Es trieb ihr die Tränen in die Augen, weil sie ihren Mann selbst so sehr vermisste; sie hatte auch Angst um sich und die Kinder, wenn Steine gegen die Kutsche geschleudert wurden und sie den Hass spürte, der ihnen entgegenschlug. Ihrer aller Leben war in großer Gefahr.

Es war ein Wunder, dass die fünf wohlbehalten in Magdeburg ankamen. Denn fast gleichzeitig rannte Herzog Moritz gegen Wittenberg an. Er konnte die Stadt jedoch nicht einnehmen und belagerte sie wochenlang. In den Weihnachtstagen kehrte endlich der Kurfürst mit seinen Kriegsknechten zurück und Herzog Moritz zog freiwillig ab. Damit war der Weg nach Wittenberg zwar wieder frei, doch es war für die Familie Luthers noch zu gefährlich heimzukehren.

Katharina fand in Magdeburg eine gute Unterkunft. Die Freunde Luthers konnten endlich ihrem Doktor Martinus Dank erweisen, indem sie sich seiner Witwe annahmen. Doch sie war es nicht gewohnt, untätig zu sein. So gestaltete ihre Familie das Weihnachtsfest nach altem Brauch und in aller Bedrängnis wurde der Hoffnung Raum geschaffen. Die Kinder atmeten auf, weil sie ihren Eltern Freude und Zuversicht abspüren konnten.

Der König von Dänemark, ein Freund der Reformation, schickte an Katharina und Melanchthon erst 150 und dann noch einmal 200 Taler, die sie sich teilen sollten. In ihrem Dankesbrief schrieb Katharina nicht nur von ihrer Freude über die Unterstützung, sondern sie bat den König, auch an Doktor Major zu denken, denn dieser habe seine Frau verloren und zehn Kinder zu versorgen. Martinus habe Major wie einen Sohn geliebt.

Während ihrer Zeit in Magdeburg kümmerte sich Katharina um Majors Kinder und sie war voll Lob und Dank, als der dänische König 50 Gulden für die kinderreiche Familie sandte.

Gewinnen und verlieren

1547–1552

Als der Kurfürst zurückgekehrt war und sein Land wieder in Besitz genommen hatte, reiste Katharina mit ihren Kindern nach Wittenberg zurück. Es war Januar und in der Schneelandschaft sahen sie unterwegs abgebrannte Höfe liegen. Wenn sie bettelnden Menschen begegneten, gaben sie ihnen ab, solange sie selbst etwas hatten.

Welch große Freude war es, in das eigene Heim zurückzukehren! Im Schwarzen Kloster fanden sie alles unversehrt vor. Wolf und die Magd Barbara hatten Haus und Hof in Ordnung gehalten. Das Feuer brannte, die Betten waren frisch bezogen, als ob man sie täglich erwartet hätte.

Am nächsten Tag wurde ein Fest gefeiert. Katharina sparte weder mit Bier noch mit Wein, wovon im Keller ein knapper Vorrat lagerte, und verschenkte Backpflaumen an alle. Abends bat sie ihre Söhne Hans und Martin darum, Psalmen aus der Bibel vorzulesen.

Doch der Krieg war noch lange nicht vorbei. Als der Kurfürst Anfang April in der Schlacht auf der Lochauer Heide verwundet wurde und in Gefangenschaft geriet, wurde Wittenberg von Flüchtenden überflutet.

Katharina war eine Frau, die auch in Krisenzeiten überlegt handeln konnte. Doch während sie früher die Wirtschaftlichkeit und die Investitionen nie aus den Augen verloren hatte, war es nun, als ob Gott selbst sie anwies, keinen hungern oder frieren zu lassen. Sie sollte die Worte der Bibel wörtlich nehmen und sowohl Freunden als auch Feinden von ihrem Reichtum abgeben.

Im Vorjahr war es ihr noch sinnlos erschienen, die Felder zu bestellen. Was konnte ihr Freude bereiten, wenn Martinus nicht mehr bei ihr war? Unter Tränen hatte sie Getreide ausgesät und die Schweine gemästet. Inzwischen hatte sie nicht nur zwanzig Hühner, sondern doppelt so viele. Aber nun wusste Katharina, wozu die Vorräte da waren: Warum sollte sie nicht mit Freuden alles geben, was sie geerntet hatte?

Sie wies keinen ab, ehe er satt geworden war. Die Söhne wurden beauftragt, den Teich vor dem Elstertor gut abzufischen, damit sie genug zu essen hatten. Auch die Studenten waren im Januar mit Katharina zurückgekehrt, daher wurden alle Vorräte benötigt.

Katharina hatte in ihrem neuen Gut Wachsdorf bereits die Frühsaaten ausgelegt. Dieses Gold würde bald seinen Segen abwerfen. Sie besah sich vor dem Elstertor die Dinkelfelder; der Wein hatte gut ausgeschlagen.

Ehe der Kurfürst in Gefangenschaft geraten war, hatte Katharina auch ihr Gut Zülsdorf zurückerhalten. Gemeinsam mit ihren Söhnen und Maruschel hatte sie die Flächen bestellt. Als sie abends nach der Arbeit zusammensaßen, erzählten sie von den Zeiten, als sie noch Kinder waren … Beim ersten Mal waren sie ohne Hans nach Zülsdorf gefahren. Nun hörte Hans mit Staunen, dass seine Geschwister ihn damals so vermisst und Tölpel nur seinetwegen in Wittenberg zurückgelassen hatten.

Maruschel begleitete ihre Mutter immer noch auf Schritt und Tritt. Als Katharina eines Tages Wolf anwies, auch den Zuchteber zu schlachten, fragte Maruschel erstaunt: „Mutter, warum lasst Ihr den Eber auch noch schlachten? Ihr habt doch immer gesagt, wer einen Zuchteber hat, dem geht der Reichtum nie aus."

„Setz dich her zu mir, mein Kind", bat Katharina und zeigte auf den Strohhaufen, der in der Scheune war. Wolf war bereits gegangen und so wartete Maruschel gespannt darauf, was ihre Mutter sagen würde. Aber die sagte gar nicht viel; sie sprach wie zu sich selbst: „Früher waren für mich die Armen und Kranken die Menschen, für die wir da sein sollten, denen wir helfen sollten. Heute erst verstehe ich das Wort Gottes: Die Menschen sind meine Brüder und Schwestern, meine Mutter, mein Vater. Und wer würde für seine Mutter oder seinen Vater nicht hergeben, was er kann, wenn diese hungern?"

Damit war die Rede beendet. Die Mutter sprach kein Wort davon, wie sehr sie verspottet wurde, wenn sie auf der Straße war. „Sie hat Schuld an dem ganzen Elend", hieß es dann. Oft spuckten die Menschen sogar vor ihr aus und manche Evangelische trauten sich nicht mehr, mit ihr zusammen gesehen zu werden.

Die Angst nahm noch zu. Ein gefangener Kurfürst kann keine Sicherheit mehr bieten. Immer mehr Menschen liefen auf die andere Seite über. Katharina war sich ihres Lebens nicht mehr sicher. Mit kärglichen Vorräten musste sie mit ihren Kindern erneut fliehen.

Noch einmal bat sie Melanchthon, in Magdeburg ein Quartier für sie zu besorgen. Sie flohen über Dessau und Zerbst. Katharina musste sich verstecken und durfte nicht erkannt werden. Sie hofften, von niemandem angesprochen zu werden, denn lügen konnte keiner von ihnen.

Die Tage in Magdeburg waren für alle mit Hunger und Angst verbunden. Daher beschloss Katharina, nach Dänemark zu fliehen, denn sie wusste um die herzliche Zuwendung des dänischen Königs. Doch das Land war voller Kriegsvolk, sodass Katharina noch warten musste. Später brachen sie auf und kamen bis Gifhorn. „Luther ist schuld am Krieg", hieß es dort. Katharina fand keine Unterkunft und floh zurück nach Braunschweig. Hier fand sie ein Versteck, einen sicheren Unterschlupf für sich und die Kinder. Melanchthon, der ihr sonst immer zur Seite stand, musste mit seiner Familie selbst fliehen. Er fand Unterschlupf bei seinem Freund, dem Bürgermeister von Nordhausen.

Als die Junisonne brannte und die Kinder sich wünschten, in Zülsdorf im aufgestauten Fluss zu schwimmen, und Katharina an ihre Felder und die Tiere dachte, kam ein Brief aus Wittenberg. Bugenhagen schrieb an die „Frau Doktorin, Luthers nachgelassenes Eheweib".

Katharina las. Die Kinder sahen Bestürzung, Hoffnung und Trauer auf dem Gesicht der Mutter und dann erzählte sie ihnen: „Der Kurfürst musste, um sein Leben zu retten, die Stadt Wittenberg seinem Vetter, dem Verräter Moritz, überlassen. Er ist nun der neue Landesherr.

Da er jedoch die Huldigung der Bürgerschaft entgegennehmen will, möchte er auch der Universität wieder zum Leben verhelfen und bat alle Lehrer und Professoren, nach Wittenberg zurückzukehren. Bugenhagen will, dass wir wieder heimkehren."

Die Kinder freuten sich. Doch Katharina wusste, dass ihr Schutzengel in Ketten lag. Der Kurfürst war Gefangener des Kaisers. In dem Brief stand auch, dass Lucas Cranach aus Treue zu seinem ehemaligen Landesherrn freiwillig dem Kurfürsten in die Gefangenschaft gefolgt war. Ihr guter Meister Cranach, der doch schon so krank war!

Die Kinder wollten aufbrechen, aber Katharina hielt sie zurück. „Wenn wir nach Wittenberg kommen, werden wir unseren Diener Wolf nicht mehr antreffen." Sie schwieg und die Kinder sahen die Mutter an.

„Warum?", brach Martin das Schweigen.

Katharina nahm den Brief und las: „Am 14. Juni ist der alte, treue Diener Wolf Seberger gestorben."

Paul sagte leise: „Dann sollen wir für ihn und uns beten." Und sie falteten die Hände und befahlen Wolfs Seele dem Himmel an.

Welche Heimreise trat Katharina mit ihren Kindern im Juni 1547 an?

Das Land lag in der sommerlichen Hitze da und hatte doch seine heitere Fruchtbarkeit verloren. Katharina lenkte die Gäule auf der Heimfahrt zu Freunden und fand statt eines Heimes ausgeplünderte Wohnungen und weinende Kinder vor. Herzog Moritz hatte während des Krieges die

Gäule zum Grasen in die Getreidefelder gestellt. So wurde für die meisten Bauern die Ernte vernichtet.

Sie zogen über die Landstraßen und an den Weggabelungen baumelten sie noch: die Erhängten, die zur Abschreckung der Evangelischen langsam am Strick erstickt waren. Weiter abseits zeugten kleine Hügel davon, dass jemand den Armen den letzten Dienst erwiesen und sie unter die Erde gescharrt hatte.

„Ich möchte alle in die heilige Erde legen, denen wir so begegnen." Martins Stimme war ruhig und fest. Er schlägt nach Martinus, dachte Katharina. Aber sie sagte ihrem Sohn nicht, dass sie sich über ihn freute und selbst am liebsten auch so handeln würde. Sie würde lieber heute für die gute Sache brennen, als weiterhin so viel Leid zu ertragen.

„Wir werden alle auf dem Wagen bleiben und an den Kreuzungen nicht anhalten", bestimmte sie. „Wenn wir die Männer und Frauen abnehmen, wird die Meute doch nur die nächsten suchen. Ich dulde es nicht, dass sie Hand an eines unserer lieben Kinder legen. Denkt bei jedem Toten daran, dies ist Christus, der für die rechte Sache und an unsrer statt gekreuzigt wurde. Und erinnert euch in Dankbarkeit bei jedem Brandfeuer in den Städten, dass die Botschaft Gottes lebt. Und ich befehle euch allen vieren, dass ihr von den Tieren lernt, die sich verkriechen, wenn sie überleben wollen, so wie auch eine Ente ein irdenes Federkleid trägt, damit sie nicht vom Habicht erspäht wird."

„Aber wir wollen doch die Unseren nicht im Stich lassen!", empörte sich Martin.

„Wer uns um Hilfe bittet, den wollen wir nicht abweisen. Aber wir werden uns nicht einmischen. Jetzt werden wir in Wittenberg gebraucht und die Toten müssen die Toten begraben. Ich verbiete es dir, Martin! Es genügt, wenn dein Herz weiß, auf welcher Seite es steht. Auch euer Vater floh einst vor seinen Verfolgern auf die Wartburg. Und für euch wird einmal die Zeit sein, sich zu verbergen, und dann wird auch die Zeit kommen, das Leben zu riskieren. Und nun dulde ich keine Widerrede mehr. Ich habe genug liebe, fromme Freunde verloren!"

Katharinas Trauer und Wut machten, dass Martin schwieg. Aber er beschloss in diesem Augenblick, dass er Theologie studieren würde. Dann würde er beweisen und wissen können, was Gott von ihm wollte.

Maruschel spürte die Unruhe, die zwischen der Mutter und den Söhnen lag. „In zwei Tagen werden wir sicher zu Hause sein", versuchte sie, die Parteien zu versöhnen. Die letzte Station vor Wittenberg sollte Torgau sein, die Stadt, in der Hans zur Schule ging. Maruschel war sich sicher, dass ihr lieber Bruder Paul einen Ausflug zum Vizekanzler Veit von Warbeck machen würde, denn dessen Tochter Anna und Paul hatten begonnen, sich Briefe zu schreiben und rot zu werden, wenn sie sich trafen.

Maruschel freute sich plötzlich. Sie hüpfte wie ein kleiner Ball auf dem Strohsack herum und dachte an die neuen, richtig weißen Beinlinge, die sie in Wittenberg zurückgelassen hatte. Sie würde sie anziehen, sobald sie zu Hause waren! Sie würde ihre Freundinnen treffen und auf dem Teich am Saumarkt würden sie wieder kleine Holzschiffchen schwimmen lassen.

Katharina konnte sich nicht überwinden, gleich nach Wittenberg einzufahren. „Wir wollen zuvor bei den Gärten vorbeifahren", verkündete sie den Kindern. Darauf freuten sich alle.

„Die Enten konnten sich am Teich den Sommer über gut selbst versorgen", sagte Martin. „Jetzt sind die Jungen bestimmt schon so groß wie die Eltern."

Sie erinnerten sich an früher, als sie zum Abschied von Hans eine Ente nach ihm tauften. Damals konnten sie die Geschlechter noch nicht unterscheiden und so hatten sie im Jahr darauf eine Entenmutter mit Namen Hans.

Sie suchten die Gärten und fanden verbrannte Erde. Sie suchten den Teich und fanden nicht einmal eine Pfütze. Die Kriegsleute hatten, um an alle Fische zu kommen, einen Graben ausgehoben und das Wasser abfließen lassen. Vertrocknete Flussmuscheln klebten noch an den Rändern, doch selbst der Tang war bereits trocken und kleine Spinnen huschten über den Boden. Ein paar verschmutzte Entenfedern hingen noch in der Weide. Das war alles, was von der jahrelangen Entenzucht übrig geblieben war.

Katharina wischte sich die Tränen in ihren Rock. Die Söhne erklärten sich bereit, Erde in den Graben zu schütten, damit der Teich wieder zulaufen konnte. Aber sie waren nur zu dritt. Man brauchte dazu gut zwanzig Mann, dann schaffte man es in einer Woche.

Im Weinberg waren die Rebstöcke herausgerissen und vertrocknet. Selbst unter den Obstbäumen hatten Feuer gebrannt. Katharina stellte sich vor, wie Herzog Moritz und sein Gesindel sich an den lebendigen Bäumen die Hände gewärmt hatten.

Das kleine, neu erworbene Gut Wachsdorf war ebenfalls nicht wiederzuerkennen. Die Scheune, die bei ihrer Abreise noch voller Heu und trockenem Erbsenkraut gewesen war, zeigte sich als schwarzes Brandloch.

Katharina schüttelte den Kopf. „Sie haben vergessen, die Schlehen- und Hagebuttenbüsche zu verbrennen. Maruschel, sie haben uns tatsächlich noch die Marmelade und den Tee für den Winter gelassen!"

Nun wollten sie nach Wittenberg gehen … Hergebeten hatte sie der, der ihnen dies alles angetan hatte! Es war nicht Krieg. Es war nicht Frieden.

Es fehlte nicht nur Wolf, der ihnen in seiner einfachen Art gezeigt hätte, wie er die Geschäfte weitergeführt hatte. Es fehlten alle Schweine, es fehlte an Hausrat und selbst die Bienen waren aus den zerstörten Kästen entflohen, um sich eine neue Bleibe zu suchen.

Maruschel wurde von der liebevollen Magd gleich auf den Arm genommen. Sie weinten beide vor Freude, einander wiederzuhaben. Barbara hatte das sauber gehalten, was noch geblieben war, und sorgte sich schon wieder um die Studenten, die zurückkehrten. Doch sie hatte sich verändert. Katharina und die Kinder merkten, wie sie bei Geräuschen zusammenfuhr. Sie ging auch nicht mehr wie früher in der Mitte des Flures oder geradewegs eine Treppe hoch. Sie hielt sich jetzt immer am Rand und blickte sich oft nach beiden Seiten um.

Am Abend erzählte Barbara, sie habe gehört, Zülsdorf sei zerstört worden. „Schweine sind die Kriegsleute, auf beiden Seiten. Wenn sie im Krieg sind, sind die Katholischen wie auch die Evangelischen alle gottlose Schweine, in die der Teufel und die Pest fahren sollen." Sie machte eine Pause und sagte dann: „Euch haben sie besonders hart geschädigt, weil sie die Schuld Luther zuschieben. Es wird nicht leicht werden." Dann schwieg sie wieder, als ob sie zu viel wüsste.

Katharina sah voller Mitgefühl auf das arme Mädchen. Dann nahm sie ihre Hände, sah in die Runde und sagte: „Diese Magd wird einst im Himmel kein Leid mehr erfahren. Wir wollen daran denken, ihr schon jetzt Gutes zu tun." Und sie neigten die Köpfe, denn Katharina hatte es sich seit dem Tod ihres Mannes angewöhnt, auch für alle zu beten.

Es wurde spät, bis Katharina in ihr Bett stieg. Maruschel schlief schon, doch sie kniete noch lange vor ihrem Lager und betete. Wann hatte sie jemals so viele Sorgen und Ängste ihrem Herrgott anbefehlen müssen? Es war ihr, als ob sie direkt in sein Ohr spräche und hörte, wie er sagte: „Du, mein liebes Kind, wirst im Himmel kein Leid mehr erfahren und es schmerzt mich, deine Not zu sehen."

Ohne die Freundschaft Melanchthons und Bugenhagens wäre Katharina verloren gewesen. Denn als Frau konnte sie keine Prozesse führen. Wie sollte sie das Schwarze Kloster weiter bewohnen, ohne Schulden aufzunehmen? Zudem machte ihr der Marschall Hans Löser Zülsdorf streitig, obwohl der Kurfürst ihr vor seiner Gefangenschaft das Gut erneut zugesprochen hatte und alles gesetzlich geregelt worden war.

Katharina empfand es als blanken Hohn, als auf alle

Güter, die ja zerstört dalagen und um die sie erneut ringen musste, Kriegssteuern erhoben wurden. Woher sollte sie denn das Geld nehmen, wenn sie keine Ernte einbringen konnte und nicht wusste, woher sie das Essen nehmen sollte?

Melanchthon und Bugenhagen waren Freunde, wie sie eine alleinstehende Frau dringend brauchte. Sie sahen in ihr immer noch die von Herzen geliebte Frau ihres Freundes Luther, die um seinetwillen noch mehr zu leiden hatte als andere Witwen. Melanchthon war ein wortgewandter Mann, der es verstand, mit Juristen zu streiten. Aber der Kurfürst, Katharinas Schutzengel, war in Gefangenschaft und sein Reichtum, mit dem er seine treuen Untertanen gern unterstützt hatte, lag nun in anderen Händen.

Es war ein Glück, dass der letzte Ordensmeister, Herzog Albrecht, sich bereit erklärte, für Hans das Studium zu finanzieren. Luthers ältester Sohn sollte in Königsberg Jura studieren. Katharina war darüber erleichtert. Endlich würde ihr Sohn die Angelegenheiten der Familie weiterführen können. Sie spürte eine zunehmende Müdigkeit und wollte ihre Sorgen bald in andere Hände abgeben.

Als Hans 1549 nach Ostpreußen zum Studium aufbrach, war das anders als bei seinem Wechsel zur Schule in Torgau. In seiner Tasche steckte ein Empfehlungsschreiben von Melanchthon und Jonas und er wusste, dass er unterstützt und gefördert würde. Für seine Mutter war er die große Hoffnung: Sobald Hans volljährig war, konnte sie ihm die Güter zur Verwaltung anvertrauen. So lange musste sie noch kämpfen und durchhalten.

Beim Abschied weinte nicht nur Maruschel, die stolz auf ihren Bruder war. Elisabeth Cruciger, die ihrer verstorbenen Mutter sehr ähnlich war, stand auch dabei und gab Hans zum Abschied das schönste Schreibpapier und eine Bibel, deren Einleitungsseiten mit Gold geprägt waren.

Hans saß zum ersten Mal in heiterer Aufbruchsstimmung in einer Kutsche, die ihn von zu Hause forttrug. Er besah sich während der holperigen Fahrt seine vielen Reichtümer, die er mit auf die Reise bekommen hatte. Als er in der neuen Bibel blätterte, wusste er, dass Elisabeth alle Hebel in Bewegung gesetzt hatte, um dieses Kleinod zu erstehen. Sie hatte es ihm wortlos gegeben. Ihre Augen waren rot gewesen, als ob sie in der Nacht viel geweint hatte. Ob sie irgendein Kummer plagte? Er würde ihr schreiben und sie danach fragen.

Katharina hatte sehr wohl bemerkt, wie sich Elisabeth benahm. „Bleib heute bei uns, das tröstet uns in unserem Abschied", bat sie Elisabeth. „Gern, und ich möchte Euch dabei zur Hand gehen."

Elisabeth kam nun immer öfter ins Schwarze Kloster. Sie sah, dass jede Hand gebraucht wurde. Katharina erzählte von ihrer Freundschaft mit Elisabeths Mutter und wie sie sich gegenseitig geschätzt hätten. Sie sangen die Lieder der Mutter und Katharina erzählte ihr, wie sie damals vom Dichten und Singen angesteckt worden sei. Ja, einmal habe sie während der Brautzeit sogar selbst ein Lied gedichtet, das ihr noch gut im Gedächtnis sei.

Das hätte sie Elisabeth und Maruschel nicht sagen dürfen, denn zusammen mit Barbara bedrängten sie nun

Katharina: „Bitte, bitte, sag uns, wie das ging!" Katharina ließ sich jedoch nichts entlocken.

Es schien, als ob der trübe November nicht enden wollte. Jetzt bemerkte Katharina immer mehr die Verstörtheit ihrer jungen Magd. Barbara zuckte regelrecht zusammen, wenn ihr unversehens ein Mann zu nahe kam. Dabei waren es Studenten und Freunde! Sie hatte Angst vor Männern, aber Katharina konnte sie deshalb nicht nur in der Küche lassen.

Sie sprach offen mit ihr und bat sie, nicht allen, auch nicht vielen Männern ihr Vertrauen zu schenken. Aber ob sie einem, einem einzigen Mann ihr Vertrauen schenken könne? „Einmal habe ich einem Mann mein Vertrauen geschenkt und ich habe es nie bereut. Du weißt, wen ich meine?", fragte Katharina.

„Nein, ich weiß es nicht", antwortete sie verblüfft.

„Morgen wirst du es wissen", entgegnete Katharina. Am Abend setzte sie sich hin und schrieb einen Brief an ihre Magd Barbara, die nur drei Türen weiter schlief:

Ich verdanke es allein Gottes großer Güte, dass ich nicht im Kloster blieb, oder einen Mann heiraten musste, dem inzwischen niemand mehr Vertrauen schenkt, weil er ein wahrlich unerlöster Mensch war und blieb. Der Mann, dem ich meine Liebe schenken wollte, stand nicht zu mir, sondern schickte sich in den Willen seiner Eltern, die gegen eine entlaufene Nonne waren. Oft dachte ich, es ist eine undurchführbare Sache, mit einem Manne glücklich zu werden und dabei meinem Gott, meiner ersten und ewigen Liebe, treu zu sein. Doch dann neigte sich

ein Engel zu mir – ich gestehe, ich habe dafür auch ge-
stritten – und mein Weg als Hausfrau war geebnet. Gott
gab mich einem Mann, der die Welt veränderte, und ich
konnte teilhaben an dem großen Werk. Und nun das von
euch, ihr lieben Mädchen, erbetene Lied einer damals
jungen Frau:

Katharinas Brautlied

Nun tragen wir die Ringe,
ach, liebe Seele, singe
bei Tag und auch bei Nacht.
Gott hat es wohl geführet
das Herz in uns berühret,
und alles, alles wohlbedacht.

Wie waren unsre Ohren
einst taub, für Lieb verloren,
und auch der Mund blieb stumm.
Gott dachte an die Seinen,
erhörte dieses Weinen
und drehte unsre Herzen um.

Für immer will ich bleiben
und mich dir ganz verschreiben,
wie du dich gibst mir hin.
Leg mich an deine Seite
und wenn es sein muss, streite
mit mir und meinem Sinn.

Nun tragen wir die Ringe,
ach, liebe Seele, singe
bei Tag und auch bei Nacht.
Und wie dies Gold hell glitzert,
so alles an mir zwitschert,
so stark, so lieb, so sacht.

Barbara zeigte die Zeilen Elisabeth und Maruschel. Elisabeth hatte die Idee, es am Nikolaustag Frau Doktor Luther vorzusingen. Und so übten die Mädchen und überraschten alle, die an der Tischgemeinschaft teilnahmen.

Sogleich ergriff Katharina das Wort und erklärte, sie sei nun alt und es sei Aufgabe der Jungen, Gott in der Ehe zu dienen. Sie hob ihre Hände hoch: „Seht ihr die Schwielen und Knoten? Nun ist es an euch, Gottes Werk zu tun, denn meine Kräfte lassen nach. Gott weiß, dass ich mich nach dem Himmel sehne."

Die Mädchen sahen sich verlegen an. Sie hatten Katharina eine Freude machen wollen und nun war sie so ernst geworden. Aber Katharina bedankte sich bei den Mädchen: „Ihr habt mir eine große Freude bereitet!"

Nicht nur die Hände waren an den Gelenken geschwollen. Auch Katharinas Beine füllten sich im Sommer mit Wasser, sodass sie schon am Nachmittag ihre Schuhe abstreifen musste und in Wolfs Pantoffeln schlüpfte. Das sah niemand unter den vielen Röcken. Aber ihr Gang wurde schwerfällig und sie lehnte sich, während sie stand, an Möbel oder Wände.

Katharina verstand ihre Beine nicht. Schon zur Mittagszeit war es, als ob sie sagen würden: „Wir wollen nicht mehr stehen und erst recht nicht mehr laufen." Sie stand und ging aber trotzdem! Und wenn ihre Finger sich nicht mehr von alleine gerade biegen wollten, nachdem sie etwas gehalten hatte, so half sie mit der anderen Hand nach.

Der Winter verging, ein Sommer kam. Es folgte der Herbst und dann legte sich wieder der Schnee über die Straßen und Häuser, in denen viel Not war. Aber wenigstens die Pest und die Türken blieben fern. Zum neuen Jahr kam ein neuer Tischgenosse ins Haus. Er kam aus Ostpreußen und brachte Briefe von Hans mit, denn die beiden hatten sich in Königsberg kennengelernt. Es war der Edelmann Georg von Kunheim, der nun in Wittenberg studierte und im Schwarzen Kloster wohnte.

Katharina kannte keinen anderen Studenten, der ihm an guten Manieren ebenbürtig war. Vom ersten Tag an bemerkte Katharina, wie liebevoll Georg mit Maruschel umging. Er half ihr beim Tragen und zeigte ihr, was er in der Universität aufgeschrieben hatte. Maruschel war sechzehn und Katharina hütete sie wie ihren Augapfel. Ihre Tochter sollte es einmal gut haben, denn was hätte Katharina ohne Maruschels Hilfe getan? Sie stand ihr Tag und Nacht zur Seite und hatte still die Verantwortung für die Küche und die Bewirtung übernommen.

Georg und Maruschel waren jung und doch wurde es von Tag zu Tag mehr zu einer großen Liebe. Wie damals bei dem Ehepaar Zeil konnte man oft beobachten, wie die beiden über Papieren saßen oder sich an den Händen hielten.

Katharina war glücklich, denn nun würde Maruschel bald, wie es ihrem Stand entsprach, eine Gutsfrau werden und Georgs Haus vorstehen.

Im Sommer brauchte Katharina aber noch dringend Maruschels Hilfe, um lesen zu können, denn die Buchstaben begannen auf den Blättern zu verschwimmen. Zudem standen die Worte erst normal mit Tinte geschrieben da, doch bald schimmerten sie in Regenbogenfarben auf dem Papier.

Katharina hatte seit dem letzten Winter auch Schmerzen in den Knien. Erst stach es beim Auftreten in den Kniekehlen, dann konnte sie die Treppen abwärts nur noch in kleinen Schritten gehen. Ihr war klar, dass Maruschel bald Georg heiraten würde und sie somit verlassen müsste. Aber sie wusste schon, wo neue Hilfe herkommen würde. Sie wollte ihren Ältesten bitten, nach Hause zu kommen. Hans war inzwischen ein erwachsener Mann und könnte ihr beim Schriftverkehr mit den Ämtern behilflich sein. Katharina bat Melanchthon, mit den Professoren der Universität zu verhandeln, damit es möglich würde, Hans in Wittenberg zu haben.

Noch während Katharina darüber nachsann, wie sie es anstellen sollte, dass ihr Sohn in Wittenberg einen Abschluss erreichen konnte, erhielt Hans von ganz anderer Hand Post mit der Bitte, nach Wittenberg zu kommen:

An den werten Johannes Luther, Wittenberg 1521.
Sehr verehrter Hans zu Königsberg. Heute zogen die ersten Kraniche mit ihren dumpfen Rufen über Wittenberg.
Mich dünkt, sie flogen im Schwarm wie ein großer Pfeil

am Himmel entlang. Es erinnerte mich daran, wie wir als Kinder alle ins Freie rannten und mit den Tieren um die Wette liefen. Ihr seid damals ein Stück des Weges gerannt und wolltet ebenso schnell laufen, wie die Kraniche flogen. Hernach waren Eure Schuhe und Strümpfe voller Schlamm, da es Euch nicht gelang, wie ein Vogel darüber zu gleiten. Dabei hasstet Ihr es doch, Euch schmutzig zu machen.

Doch verzeiht, ich vergaß, Euch für Euren Brief zu danken, der mich erreichte. Ihr lernt gar viel und ich trage den Brief bei mir, um nachzulesen, wie es sich mit den neuen Zünften verhält, die Euch so begeistern. Und ich kann mir nicht denken, dass in Königsberg kein Wein wächst.

Wie ich Euch auch in den letzten Briefen berichtete, geht es Eurer Mutter immer schlechter. Sie sagt nie, dass sie Schmerzen habe, aber Maruschel muss ihr doch tüchtig zur Hand gehen, denn sie bedarf der Hilfe beim Steigen und Lesen. Sie hat zwar einige Augengläser ausprobiert, aber diese scheinen nichts zu nützen. Abends reibt sie sich Augen und Stirn, wenn es niemand sieht.

Verzeiht mir, wenn ich Eurer werten Mutter vorgreife, aber mir war, als ob die Kraniche geradewegs von Königsberg nach Wittenberg geflogen kämen und wären nur die Vorboten Eurer Reise.

Eure Mutter wünscht Euch sehnlichst zurück, denn sie bedarf Eurer Hilfe und Eures Rates.

Melanchthon soll alles in die Wege leiten, und Ihr werdet gar bald von ihm und Eurer verehrten Mutter Näheres erfahren.

Ich wollte Euch aber sagen, dass ich Euch mit Freude erwarte und Euch zur Hand gehen möchte, soweit Ihr meiner Hilfe bedürft.
Gnad und Friede in Christus,
Elisabeth Cruciger zu Wittenberg.

Im Spätherbst, als sich die Bäume schon zu färben begannen, kam die Nachricht von Hans, er sei auf dem Weg nach Wittenberg. Katharina, Martin, Paul, Maruschel und Elisabeth fuhren ihm entgegen. Die Kutsche wurde nun vom Stallknecht gelenkt, der mit Wagen und Tieren gleichermaßen geschickt umzugehen verstand.

Nach gut zwei Stunden fröhlicher Fahrt aus Wittenberg trafen sie auf die Kutsche, mit der Hans reiste. Das war ein Begrüßen! Die Brüder zeigten ihre Freude, indem sie Hans an den Kleidern und Haaren rissen und johlten. Die Frauen konnten sich nicht so ausgelassen gebärden, standen den Männern jedoch in ihrer Herzlichkeit nicht nach. Hans wurde gleich auf die Familienkutsche geladen, und alle außer Elisabeth bedrängten ihn mit Fragen.

Maruschel sagte immer wieder: „Hans, du bist ein feiner Herr geworden." Sie sah die andern an und wollte deren Zustimmung. „Mutter, Martin, hab ich nicht recht?"

Sie redeten und lachten alle durcheinander. Katharina fühlte, dass sie endlich viele Sorgen ihrem großen Sohn überlassen konnte.

Doch in solchen Situationen geschieht oft viel mehr. Katharina war sich nun sicher, dass eintreffen würde, worum sie gebetet hatte. Hans und Elisabeth tauschten lange stille Blicke aus. Niemand hatte zuvor darüber geredet oder geschrieben, aber alle ahnten, dass bald eine weitere Hochzeit zu planen war.

Zwei Jahre hatte es gedauert, bis der Teich am Elstertor wieder zugelaufen war. Katharina deutete es als ein gutes Zeichen, denn langsam konnte sie ihre Gärten wieder bewirtschaften. Doch ihr fehlte das Geld für neue Bäume und Weinreiser.

Hans war da und mühte sich, damit auf Zülsdorf 400 Gulden aufgenommen werden konnten. Katharina hatte das Gut einmal in fruchtbarem Zustand und als Heim erlebt – und so wollte sie es wiederherstellen. Das Haus ihrer Familie sollte ein gepflegter Besitz der Familie Luther sein.

Die Arbeiten gingen ihr zwar nicht mehr so leicht von der Hand und das Gehen machte ihr Mühe, aber sie hielt immer noch sanft die Zügel in ihren Händen und freute sich auf das anstehende Fest: die Hochzeit ihres ältesten Sohnes mit der Tochter ihrer lieben verstorbenen Freundin Elisabeth Cruciger. Das Schwarze Kloster verwandelte sich unter dem Schaffen der Frauen in ein wahres Bienenhaus. Es füllte sich jedoch nicht nur mit Honig, sondern auch mit geräuchertem Fisch, Speck, Bier, und täglich kamen neue Geschenke von Freunden dazu. Katharina freute sich, als ob es ihre eigene Hochzeit wäre, und dankte Gott, dem wunderbaren Stifter der Ehe.

Auch nachdem Hans und Elisabeth einen eigenen Hausstand gegründet hatten, kamen sie noch täglich ins

Schwarze Kloster, um die Mutter tatkräftig zu unterstützen.

Bald dachte Katharina auch Maruschels Hochzeit ausrichten zu können. Georg von Kunheim war nach Hause gereist, um mit seinen Eltern zu besprechen, wann er Hochzeit machen und seine geliebte Frau nach Hause führen könne. Er hatte seinen Eltern zuvor geschrieben und von dem lieblichsten, fleißigsten und geistreichsten Mädchen geschwärmt, das er je getroffen habe; sie sei eine Zierde für die Familie.

In Georgs Abwesenheit träumten und planten Katharina und Maruschel zusammen, wie es nur zwei glückliche Frauen tun können. Vor allen Dingen sah Maruschel das Glück zwischen Hans und Elisabeth mit eigenen Augen und wusste, dass auch sie bald einen eigenen Herd, Äcker, Mägde und Kinder haben würde.

Doch welch herber Schlag war es für Maruschel und alle Freunde, als Georg bei seiner Rückkehr enttäuscht berichtete: „Nicht nur Vater und Mutter, nein, meine ganze Verwandtschaft ist gegen eine Verbindung mit Maruschel. Sie haben meine Briefe zuvor erhalten und in ihren Briefen taten sie so, als ob sie sich mit mir freuen würden. Aber sie halten unsere Zuneigung für eine vorübergehende Grillenplage, als ob ich nur ein Zirpen im Bauch habe, das wieder vergeht. Ich legte ihnen dar, dass es nicht so sei, denn Gott hat uns ja zusammengeführt. Nicht wahr, liebe Maruschel?"

Maruschel antwortete nicht. Ihre Stirn war mit feinen Schweißperlen übersät, und wie immer, wenn sie nervös war, hatte sie ihre Hände ineinander verkrampft.

Katharina stand auf, um ihrer Tochter die Hände auf die Schultern zu legen. Dieser Mann war anständig zurückgekommen, um über die Schwierigkeiten zu sprechen. Er war kein Hieronymus, der sich einfach nicht mehr gemeldet hatte.

„Deine Verwandten werden nichts mehr gegen eure Verbindung vorbringen können, wenn sie erleben, dass ihr füreinander geschaffen seid und Gott euch verbinden möchte", versuchte Katharina das junge Paar zu beruhigen. Katharina dachte daran, sich selbst auf den Weg nach Ostpreußen zu machen, um für ihre Tochter einzustehen.

Aber Georg wischte Katharinas Trost beiseite und redete verbittert weiter: „Es liegt ihnen gar nicht daran, dass sie Sorge hätten, wir wären nicht gut zueinander. Sie wollen nicht, dass ich eine Bürgerliche heirate!"

„Was heißt hier eine Bürgerliche!", rief Katharina empört. „Sie ist die Tochter der Katharina von Bora und zudem noch die vornehme Tochter des gelehrten großen Martin Luther!" Katharina war außer sich vor Wut. „Gibt es eine größere Ehre, als Gott zu dienen und reinen Herzens durch das Leben zu gehen?" Sie sah Georg vorwurfsvoll an.

„Dasselbe, liebe, ehrenwerte Frau Katharina von Bora und Witwe Luthers, sagte ich auch meinen Eltern. Und ich kann Euch versichern, ich war dabei noch lauter als Ihr, und es reut mich nicht im Geringsten, dass ich vor Wut die gesammelten Gläser meiner Mutter zerbrach und meines Vaters geliebten Pfau so lange am Schwanz schleuderte, bis ich diesen in der Hand hatte."

Alle waren still. Katharina traute sich nicht, sich zu

schnäuzen. Elisabeth wurde unruhig und sah auf Maruschel.

Die stand langsam auf und sagte: „Setzt euch alle hin.
Auch Ihr, Mutter, und du, Barbara."

Sie ist kein Kind mehr, dachte Barbara. Sie hat zu viel
miterlebt – und nun erfährt sie selbst, wie hart das Leben
ist.

Maruschel sah alle an und heftete dann ihren Blick
auf Georg. „Was ich jetzt spreche, gilt allein für Georg,
der mir lieb und wert ist, wie niemand von euch ermessen kann. Und doch spreche ich jetzt vor allen, damit
ihr meinen Entschluss hört und Georg von Kunheim
weiter achtet und liebt, wie ihr es zuvor getan habt. Ich
danke Georg für seine bisherige Treue und gebe ihn nun
doch frei, damit er sich eine Frau suchen kann, die seinem Hause vorstehen kann und seinen Eltern eine Freude
ist." Sie machte eine Pause und fügte dann hinzu: „So ist
es im Leben: Wir gewinnen und verlieren und doch hält
uns Gott in seiner Hand. Und eine Frau weiß, dass sie es
ertragen wird."

Maruschel setzte sich wieder hin und meinte wie bei-
läufig: „Nun lasst euch das Essen schmecken, damit wir
sehen, dass sich die Mühe des Kochens gelohnt hat."

Keiner mochte sich bewegen, aber ehe auch nur ein
paar Herzschläge vergangen waren, ergriff Georg wieder
trotzig das Wort: „Liebe Maruschel, Ihr habt Euch das
ohne mich so ausgedacht. Ich werde nicht aus Wittenberg
und von Eurer Seite gehen, bis ich Euch zur Frau nehmen
kann! Das sagte ich auch meiner Verwandtschaft und so
wird es sein!"

Wie viele Varianten des Gesprächs noch in den nächsten Tagen folgten! Katharina war zutiefst in ihrem Stolz verletzt. Sie war keine Bürgerliche und ihr Mann stand als Geistlicher beim Adel in hohem Ansehen und war der Ratgeber und Tröster von Fürsten und Königen gewesen.

Maruschel und Georg stritten sich bis aufs Blut, bis Maruschel endlich annehmen konnte, dass Georg um ihretwillen sogar auf sein Erbe verzichten würde. Doch Katharina hatte es sich in den Kopf gesetzt, dass ihre Tochter nur eine ebenbürtige Heirat mit Georg von Kunheim eingehen dürfe. Sie beauftragte Melanchthon, die Verhandlungen mit Georgs Eltern zu führen.

Leider erlebte Katharina die Hochzeit des Paares nicht mehr, die 1555 endlich in Wittenberg stattfand.

Die letzte Flucht

1552

Das Jahr 1552 hatte mit einem strengen Winter begonnen und es ging weiter wie in einem lieblichen Bilderbuch. Die Kirsch- und Apfelbäume blühten wie die Sträuße auf dem Tisch eines Malers. Kein Frost zerstörte den Ansatz der Früchte, und im Juni hingen die Kirschbäume voller roter Früchte.

Maruschel hatte einen Kirschenkranz für Anna von Warbeck geflochten. Sie wollte der Verlobten ihres Bruders Paul eine Freude machen. Paul war immer noch närrisch, was die Tiere und die Natur anging. Er würde sicher lachen, wenn er Anna so sehen würde.

„Es ist ungehörig, die Tochter des Vizekanzlers Veit von Warbeck so zu schmücken", würde ihre Mutter sicher Maruschel schelten. Aber sie würde es durchgehen lassen, da war sie sicher.

An solchen Tagen vergaß Katharina ihre Sorgen. Auch ihre Gelenke vergaßen ihre Schmerzen; am Abend fasste sie in der fröhlichen Runde ihre Nachbarn an den Händen und tanzte mit den jungen Leuten im Kreis. Wie gut es ihr Paul mit der lieben Anna getroffen hatte! Sie besaßen zwar beide keine Reichtümer, aber Annas Eltern waren Freunde der Reformation und achteten den Namen Luthers.

Katharina hoffte, innerhalb von zwei Jahren einen Großteil der neuen Schulden abzahlen zu können. Die Ernte versprach gut zu werden. Leider gab es kaum Knechte, da viele junge Männer im Krieg geblieben waren. Einige schmachteten noch in Gefangenschaft und die Not der Familien war groß. Frauen mussten auch die beschwerlichen Arbeiten verrichten. Sogar Kinder wurden den ganzen Tag über aufs Feld geschickt. Mit einem Becher voll Milch im Magen – wenn die überhaupt vorhanden war – mussten sie hart arbeiten; erst am Abend gab es ein kleines Stück Brot, damit sie einschlafen konnten. Vor lauter Hunger aßen Melanchthons Kinder bei der Kirschenernte eines Großbauern so viele Früchte, dass sie vor Durchfall fast starben.

In Katharinas Haus musste keiner hungern. Trotzdem waren die Mahlzeiten kärglich, denn sie konnte sich an Zeiten des Überflusses erinnern, als an Festtagen kleine Hirsekuchen und Honigplätzchen gebacken wurden.

Wer hatte die neue Pestwelle nach Wittenberg getragen? Waren es die Ratten? Reisende? Kriegsvolk? Es war nicht die lang andauernde Lungenpest, welche die Menschen sonst aufs Krankenlager geworfen hatte. Innerhalb von zwei Tagen schwollen die Lymphdrüsen am Hals, den Achseln und den Leisten hühnereigroß an. Die Menschen klagten im hohen Fieber über Kopfschmerzen und konnten nicht mehr stehen. Und dann starben sie, noch ehe sie recht begriffen hatten, dass sie selbst an der Reihe waren.

Im Juni machten sich die Studenten und Professoren auf und flohen nach Torgau. Katharina wollte, wie auch in den Jahren zuvor, in Wittenberg bleiben, um die Kranken zu versorgen und die Ernte nicht zu gefährden. Sie segnete jeden Morgen ihre Schweine und bat Gott, diese doch zu verschonen und den Teufel lieber in die Ratten und Mäuse fahren zu lassen.

War Katharina in der Stadt unterwegs, wurde sie oft beschimpft, dass mit dem neuen Glauben, den sie angezettelt habe, auch die Pest gekommen sei. Die Menschen nannten sie eine Nonne, die mit dem Teufel verkehrt habe. Sie solle doch auf einem der Feuer, die in der Stadt zum Reinigen der Luft brannten, gleich mitbrennen, damit das Elend ein Ende habe.

Ganz anders sprachen andere Bürger, die im Schwarzen Kloster Zuflucht suchten. Sie priesen Luther als Heiligen und nannten ihn einen Apostel. In seinem Hause mit seiner frommen Witwe könne ihnen kein Unheil geschehen.

Katharina überhörte die bösen Worte auf der Straße, aber ihren Mann als Heiligen zu verehren, wollte sie nicht dulden. „Sprecht nicht so abergläubisch daher, dass mein Mann ein Heiliger sei und vor Krankheit schützen könne! Es wäre ihm ein Ärgernis, wenn er Euch so reden hörte. Er sagte immer, der Beginn einer Sünde und die Sünde an sich wäre, wenn jemand Gott gleich sein wolle. Nicht vom Hause Luthers kommt Heil, sondern allein von Gott, der seine Güte zu uns Menschen schickt!"

Die so Gerügten sagten daraufhin, der werte Luther habe ein scharfzüngiges Weib; wenn er noch leben würde, hätte er ihr sicher das Maul gestopft. Doch Katharina scherte sich einen Dreck um solches Geschwätz. Sie musste zusehen, wie sie nun alle satt bekam, obwohl sie keine zahlenden Studenten mehr im Haus hatte.

Sie schrieb Bettelbriefe an alle, von denen sie erhoffte, dass sie ihr Lebensmittel oder Geld zukommen lassen könnten, denn sie hatte nur noch Reismehl im Haus. Das Bier hatte sie seit Wochen schon mit Wasser verdünnt. Nun war nichts mehr da: weder Dinkel noch Gerste, auch kein Hopfen, um neues Bier anzusetzen. Ihre Freunde baten sie händeringend, doch endlich selbst zu fliehen. Denn sei die Krankheit entdeckt, sei man auch schon gestorben.

Katharina wollte von alledem nichts wissen, bis die Pest auch im Schwarzen Kloster Einzug hielt. Sie holte sich Barbara, die geliebte Magd, die für Katharina zur Tochter und für Maruschel zur einzigen Schwester geworden war. Maruschel und Katharina hatten nur einen Tag Zeit, um Barbara noch all das Gute zu sagen, was sie für ihre lieb gewordene Magd empfanden. Es schmerzte sie, Barbara auf den Friedhof zu bringen, wo sie mit anderen am Abend begraben wurde.

Katharina machte sich Vorwürfe: Hätte sie Barbara mit den Kindern fortschicken sollen? Wäre Barbara dann noch am Leben? Katharina bat ihre Kinder dringend, nach Torgau zu reisen. Doch diese beharrten: „Wir gehen nur mit Euch zusammen. Wir lassen Euch nicht allein im Schwarzen Kloster, wo der Tod nun um sich greift."

Zwei Tage später im September 1552 floh Katharina mit Martin, Paul und Margarete nach Torgau. Sie wusste, dass sie im Hause des Kantors Johann Walther eine Unterkunft finden würden. Auf dem Wagen saß sie vorne neben dem Fuhrknecht.

Maruschel hatte schon Wochen zuvor von Georg Abschied genommen, der, als die Pest ausbrach, nach Hause gereist war. Nun selbst aus Wittenberg wegzufahren – das war wie noch einmal Abschied nehmen. Aber sie wollte sich nicht beklagen, ihre Brüder hatten es ja auch nicht besser. Und am meisten litt ihre Mutter, denn sie wollte die Ernte einbringen und musste nun andere Leute beauftragen, die das meiste in die eigenen Taschen stecken würden.

Wie schön das Land vor ihnen dalag! Katharina liebte diese Gegend und schaute mit hungrigen Augen um sich, wie damals, als sie aus den engen Klostermauern geflohen war. Auch damals waren sie nach Torgau gereist, aber das hatte sie nicht gewusst. Seitdem hatte sie die

Erde bearbeitet, Kinder geboren und gemeinsam mit ihrem Mann Gott gedient. Sie fuhr durch ihre geliebte Heimat, in der sie doch erst vor wenigen Tagen ihre fromme, treue Magd verloren hatte. Nun würde die Pest die Ernte von den Feldern pflücken.

Erst war nur ein leises Grollen in der Ferne zu hören. Der Tag war von einer milden Wärme gewesen und die Pferde wurden bei jeder Rast zu einer Wasserstelle geführt. Katharina war zufrieden mit ihrem Kutscher, der die Tiere nie sich selbst überließ, sondern ihnen mal den Schweiß von den Flanken rieb, dann wieder eine Decke über die Rücken warf, damit sich die Gäule nicht verkühlten.

Der Wetterumschwung erfolgte schneller, als ein Hefeteig zum Gehen braucht. Erst blies ein kühler Wind, der eine Unmenge Wolken mit sich brachte. Dann wurde es dunkel und ein Sturm erhob sich. Die zum Trocknen aufgetürmten Heuhaufen wurden wie von einer unsichtbaren Hand hochgewirbelt, die Halme über die Wiesen getrieben und in den Fluss geworfen. Der Sturm tobte sich auch an ihrem Wagen aus; sie mussten die Plane einrollen, damit die Kutsche nicht vom Wind umgeworfen wurde.

Der Fuhrknecht gab den Pferden die Peitsche, auch Katharina trieb die Tiere zur Eile an. Jederzeit konnte ein Platzregen losbrechen, dann würde all ihre Habe und sie selbst durchnässt werden. Die ersten dicken Tropfen fielen bereits und sie konnten weder Hof noch Scheune ausmachen. Der Sturm hatte bereits dicke Äste von den Bäumen gerissen. Immer wieder mussten sie anhalten, um das Holz aus dem Weg zu räumen.

Sie waren bis auf die Haut durchnässt und sahen in dem Unwetter nicht weiter als die Pferde, als dicht am Weg eine Mühle auftauchte. Ohne zu zögern, fuhren sie geradewegs mit dem ganzen Gefährt in die Scheune. Sie waren froh, hier anhalten und sich trocknen zu können. Doch als der Müller hörte, dass sie aus Wittenberg kämen und sie zudem noch das Weib des Ketzers sei, meinte er: „Trollt euch weiter, ihr gottverdammtes, dreckiges Hurengesindel! Wollt ihr uns mit dem Teufel auch noch die Pest ins Haus bringen?"

Katharina dankte Gott, dass der Müller sich nicht traute, ihnen nahe zu kommen und sie eigenhändig hinauszubefördern. Die Angst vor der Pest hatte auch Vorteile!

Über Nacht blieben sie in der Scheune und hängten alle Kleider zum Trocknen auf. Sie schliefen, jeder in einen groben Mehlsack gehüllt, im Stroh. Am nächsten Morgen waren die Kleider zwar immer noch feucht, aber da half alles nichts. Eine weitere Nacht konnten sie dem Müller nicht zumuten. Außerdem konnten sie auf den aufgeweichten Straßen nur bei Tageslicht reisen.

„Paul, leg trockenes Stroh in den Wagen und leg darauf auch noch vier trockene Säcke vom Müller", wies Katharina ihren Sohn an. „Ich will ihm unser Nachtlager gut vergelten." Sie stellte ihren metallenen Becher auf den Holztisch neben dem Korntrichter.

„Verdient hat es der Heide wahrlich nicht!", begehrte Martin auf.

„Schweig!" fuhr ihn Katharina an. „Hast du nicht gelesen, dass uns Gottes Güte zur Umkehr leitet?"

Martin und Paul waren mürrisch. Sie wollten die Mutter nicht verstehen. Schließlich hatten sie für den Müller schon genug getan. Denn in der Nacht waren die Regenmassen wie ein Bach durch die Scheune geflossen. Da hatten die beiden die vollen Getreidesäcke höher gewuchtet, damit der Inhalt trocken blieb. Und nicht die kleinste Handvoll hatten sie sich genommen – dabei hatten sie sich schon so lange nicht mehr richtig satt gegessen.

Gegen Mittag wollten sie Torgau erreichen. Die Kutsche konnte jedoch nur langsam in der Mitte der matschigen Wege fahren. Wenn ein Gefährt entgegenkam, mussten sie manchmal absteigen und die Pferde durch gutes Zureden und laute Befehle zum Rückwärtsgehen bewegen, bis sie eine feste Stelle erreichten, an der die Kutschen einander passieren konnten. Es war schon dämmrig, als sie die Stadt Torgau vor sich sahen.

Katharina wunderte sich, dass auf den Straßen und an den Rändern so viele Menschen und Gespanne waren. Doch bald erfuhren sie, warum: Alle wollten nach Torgau, um vor der Pest sicher zu sein. Da die Krankheit jedoch auch unter den Reisenden bereits ihre Opfer forderte, wurde das Tor nicht mehr geöffnet.

Katharina sagte zum Fuhrknecht: „Wir werden erwartet, sieh zu, wie wir in die Stadt kommen können." Sie umrundeten auf Seitenwegen die Stadt und beschlossen, das Osttor zu nehmen. Dort warteten zwar ebenfalls viele Wagen, aber sie würden wohl daran vorbeikommen. Der Knecht trieb die Pferde an, dicht neben den stehenden Wagen vorbeizuziehen. Wenn ihm jemand in den Weg lief, drohte er mit der Peitsche und knallte mit dem scharfen Riemen an den Störenfrieden vorbei. Sie hatten es bald geschafft: Nur noch drei Kutschen, und sie konnten auf der Brücke vor dem Tor halten. Doch da schoss ein Hund unter einem Wagen hervor – so groß, wie Katharina noch keinen gesehen hatte. Er sprang hoch und biss einen ihrer Gäule in den Hals. Der Gaul wich erschrocken nach links aus und drückte das Gespann weit über den Wegesrand zum Wassergraben hin. Der Wagen neigte sich und Maruschel schrie im Wageninnern.

Katharina sprang vom Bock und rief noch zum Fuhrknecht: „Halt die Zügel kurz!"

Das linke Pferd fand keinen richtigen Halt mehr unter den Hufen und trat vergebens gegen den rutschenden Untergrund an. Katharina watete mit ihren langen Röcken durch den Graben nach vorne und zog den Gaul am Halfter auf die Straße zurück. Sie war erleichtert, denn das Werk gelang Stück für Stück. Bald standen die Tiere und schnaubten in ihrer Aufregung.

Katharina blickte zur Kutsche und sah plötzlich, dass sich der Wagen ganz langsam neigte. Er drohte in den Graben zu rutschen. Sie hangelte sich am Pferdegeschirr entlang zurück. Sie musste in den Wassergraben, um sich von der anderen Seite aus gegen den Wagen stemmen zu können. Margarete, Martin und Paul waren vom Wagen gestiegen und versuchten von der Straßenseite aus, die Kutsche zurückzuziehen.

Nach dem heftigen Regen war der Graben angeschwollen. Bis zur Brust stand Katharina im kalten Wasser und stemmte sich mit aller Kraft gegen die schräge Wagenplane, die ihr entgegenkam. Lange kann ich es nicht halten, sagte ihr der Verstand. Und dann, ohne dass sie sich bewegte, sank sie mit den Beinen immer tiefer in den Schlamm. Der Wagen rutschte ab und fiel laut krachend in den Graben. Als ob ein ganzes Haus über mir einstürzt, dachte Katharina. Dann sah sie über sich Wasser und Sterne.

Von weit her hörte sie Rufe: „Mutter, Mutter!" Jemand zerrte an ihr, zog sie sogar bei den Haaren.

„Hol Luft!", schrie jemand. „Schnauf, los, schnauf!" Katharina hörte die Stimme ihres Fuhrmanns. „Schnauf endlich! Weib, schnauf!"

Sie hatte wohl zu lange damit gewartet, denn er holte weit aus und schlug ihr mit aller Wucht ins Gesicht. Mit dem Schlag fuhr Katharina ein Schmerz durch den Unterleib bis ins Gehirn. Sie hörte sich brüllen wie eine Kuh beim Kalben und konnte doch nicht aufhören. Der Fuhrmann holte ein zweites Mal aus und Katharina wimmerte leise weiter.

Sie erinnerte sich nur an den Schmerz. Nicht daran, dass es drei Stunden gedauert haben sollte, bis sie den Wagen von ihrer gebrochenen Hüfte gezogen hatten. Die Stadttore waren geöffnet worden und Leonard Koppe legte Katharina mithilfe der Männer auf einen anderen Wagen mit trockenem Stroh.

Maruschel hielt mit einer Hand den Kopf der Mutter, die andere Hand hatte sie auf deren Oberkörper gelegt, um das Rütteln des Wagens abzumildern. Koppe fuhr direkt zum Kantor Johann Walther. Seine Familie hatte Katharina schon erwartet und sich große Sorgen gemacht.

„Lasst mich liegen!", herrschte Katharina alle an,

die sie vom Wagen heben wollten. „In Gottes Namen, lasst mich liegen. Selbst wenn der Wagen mein Totenbett wird." Doch als zwei Ärzte eintrafen und befahlen, ein Brett zu holen und Katharina darauf ins Haus zu tragen, musste sie einwilligen. Maruschel streifte der Mutter die nassen Kleider vom Leib. Sie war kein Arzt und sah doch, dass eine Hüftschale nicht mehr an der Seite saß, sondern vorn im Bauch lag.

„Wir können nicht viel tun, damit Ihr gehen könnt. Aber wir können die Hüfte zur Seite schieben, damit Ihr nicht mehr solche Schmerzen habt."

Katharina wurde nicht gefragt. Zwei Becher Branntwein hatte sie noch nie getrunken. Und es stimmte tatsächlich, dass man dann alles verschwommen sah und die Zunge nicht mehr gehorchen konnte. Als die Männer Katharinas Hüfte mit stählernem Griff und der Kraft ihrer Schultern zurechtschoben, wurde ihr übel. Sie lag zwei Tage lang im Dämmerlicht.

Nicht einmal die Zehen konnte sie bewegen, selbst wenn sie darauf sah und ihnen laute Befehle gab. Katharina lag still, ganz still, um die Messer in ihrem Bauch nicht zu wecken. Aber der schlimme Husten, der vom kalten Wasser gekommen war, wurde zum Folterknecht, der Katharina immer wieder zum Weinen brachte. Am Abend gab Maruschel ihrer Mutter stets zwei Becher Wein, damit sie gut schliefe. Aber Katharina ließ immer einen halben Becher übrig und nötigte Maruschel, auch zu trinken, denn sie habe schon Ringe unter den Augen vor lauter Sorgen.

Sorgen, wem konnte Katharina ihre Sorgen nennen?

Wie würde die Sache mit Maruschel und Georg ausgehen? Was sollte aus den Buben werden?

Die Frau des Kantors konnte Katharina in die Seele schauen und sprach mit ihrem Mann. Für ihn war es selbstverständlich, dass die Jungen in Torgau die Lateinschule besuchen sollten. „Und um Maruschel werden wir uns kümmern, dass es zu ihrem Besten sein soll", versprachen die beiden. Katharina hatte in ihrem Leben viele Menschen kennengelernt. Sie wusste, dass sie den frommen Walthers vertrauen konnte. Vielleicht würden sie bald die Eltern ihrer verwaisten Kinder sein.

Die achtzehnjährige Maruschel pflegte ihre Mutter mit großer Sorgfalt und tröstete sie. Doch auch Katharina versuchte, ihrer Tochter Mut zu machen. Vor allen Dingen sollte sie die Hoffnung auf eine standesgemäße Hochzeit mit Georg nicht aufgeben.

„Weißt du, liebe Maruschel, als ich damals aus dem Kloster floh und es keinem recht machen konnte, da hielt ich mich an einen Vers, der im Alten Testament steht. Da heißt es: ‚Wie sollte dich denn jemand achten, wenn du deine Ehre nicht selbst hoch hältst?‘ Weißt du, was damit gemeint ist?"

„Ich weiß nicht recht, Mutter, aber ich glaube, Ihr habt Euch nicht irremachen lassen von den Hunden auf der Straße."

Katharina lachte: „Es ist nicht schwer, den Mäulern der Straße etwas entgegenzuhalten. Schwerer ist es, sich dem Willen derer nicht zu beugen, die wir am liebsten haben, und sich von den eigenen Zweifeln nicht den Glauben und die Hoffnung rauben zu lassen."

Katharina war dankbar, dass Maruschel ihr zuhörte, wenn sie von früher erzählte, als sie Kind war und wie sie im Kloster lebte. Oft sagte sie, wie schön es sei, eine Tochter zu haben, die sich so um die Mutter sorgt. „Deine Liebe zu mir, liebe Maruschel, ist meine Ehre vor den Menschen und die barmherzige Güte Gottes, die mich auch auf dem Totenbett nicht verlässt."

Es fiel Maruschel leicht, bei ihrer Mutter zu sitzen, kamen doch immer viele Menschen, die sie besuchten und mit denen sie sich unterhalten konnte. In der Nacht, wenn Katharina nicht schlafen konnte, beteten sie zusammen ihre Lieblingsverse:

Denn ich bin gewiss,
dass weder Tod noch Leben,
weder Engel noch Fürstentümer noch Gewalten,
weder Gegenwärtiges noch Zukünftiges,
weder Hohes noch Tiefes
noch keine andere Kreatur
kann uns scheiden von der Liebe Gottes,
die in Christus Jesus ist, unserem Herrn.
(Römer 8, 38 und 39)

Im Dezember, als es auf Weihnachten zuging, wurde Katharina immer heiterer. Sie gestand ihren Kindern, dass sie am Tag von Jesu Geburt doch gerne im Himmel wäre, denn sie würde eines in ihrem Leben gerne anders gemacht haben.

„Was, Mutter, hättet Ihr gerne anders gemacht?", fragte Maruschel.

Und Katharina erklärte ihrer Tochter: „Ich weiß jetzt, dass ich dann wahrlich glücklich war, wenn ich mich Gott nahe fühlte. Egal, was ich dabei tat, ob ich arbeitete, betete oder stritt. Es kommt auch nicht darauf an, ob man im Kloster ist, in einem Herrenhaus oder auf dem Sterbebett. Gott nahe sein ist wichtig. Und ich wollte nicht nur wie die kranke Frau im Evangelium Jesu Kleid berühren. Nein, eine Klette vom Wegesrand wollte ich sein, die sich in seinen Mantel festgekrallt hat!"

Katharina spürte, dass ihre Zeit zu Ende ging. Schon seit Tagen waren ihre Hände und Füße kalt, obwohl Maruschel warme Steine ins Bett legte. Sie rief die Kinder zu sich und bat Johann Walther um ein Segensgebet.

„Martinus hatte recht", sagte Katharina, „als er über den Torbogen unserer Eingangstür schreiben ließ: VIVIT – ER LEBT."

Danach schlief sie ein. Die Kinder und Familie Walther gingen leise aus dem Zimmer.

Zwei Stunden später sah die Tochter nach ihrer Mutter. Sie lag so glücklich in ihrem Bett, als ob sie einen Scherz vorhätte.

„Mutter, wie geht es dir?", fragte Maruschel.

Doch sie erhielt keine Antwort. Auch nicht, als sie bettelte und schrie und die andern kamen und Kerzen anzündeten.

Ausklang

Am 20. Dezember 1552 starb Katharina von Bora in Torgau. Sie war dreiundfünfzig Jahre alt geworden. Ein langer Trauerzug von Studenten, Professoren und Torgauer Bürgern schloss sich ihren Kindern beim Gang in die Stadtkirche an.

Der Sarg wurde unter der Kanzel abgestellt, auf der ihr Mann so oft gepredigt hatte. Im Nachruf hieß es ehrlich: *Mit ihren verwaisten Kindern musste die als Witwe schon schwer Belastete unter den größten Gefahren umherirren wie eine Verbannte; großen Undank hat sie von vielen erfahren, und von denen sie wegen der ungeheuren öffentlichen Verdienste um die Kirche Wohltaten erhoffte, ist sie oft schändlich getäuscht worden.*

In der Abseite der Kirche, wo sie nach der Flucht aus dem Kloster neben Lonata und Ave gekniet und Zwillings Osterpredigt gelauscht hatte, wurden die Steine aus dem Boden genommen, um ihr dort ein Grab einzurichten.

Nun bin ich nach all den Jahren selbst in Torgau und betrete die weiß gestrichene, helle Kirche. Zu beiden Seiten gibt es eine doppelte Empore und die hohe Decke wird von rot gestrichenen Bögen gehalten. Ich suche das Grab, wie es mir beschrieben wurde: gegenüber der Fürstengruft …

Da ist die Grabplatte! Die Kinder ließen sie anfertigen. Sie zeigt Katharina von Bora in einem weiten Mantel und mit einem Gesangbuch in den Händen. Über der rechten Schulter steht das Wappen derer von Bora, über der linken Schulter das Wappen Luthers. Ich entziffere die Schrift um den Stein:

„Anno 1552, den 20. Dezember: Ist in Gott selig entschlafen allhier zu Torgau Herrn D. Martini Luthers selig Hinterlassene wittbe Katharina."

Ich habe einen Strauß gebunden aus allen Blumen, die ich in meinem Garten finden konnte. Ich danke Katharina von Bora, ich danke Gott und lege die Blumen auf das Grab.

Zeittafel

29. Januar 1499
Katharina wird in das ehrbare, verármte Rittergeschlecht von Bora geboren. Ihre Mutter stirbt nach der Geburt und hinterlässt drei Söhne und Katharina.

1505
Katharina wird von ihrem Vater nach Brehna in die Klosterschule gebracht. Sie sieht ihn zum letzten Mal. Er heiratet erneut.

1509
Katharina geht in das Zisterzienserkloster Marienthron nach Nimbsch. Dort legt sie 1515 das Gelübde ab und wird Nonne.

5. April 1523
Katharina flieht mit acht weiteren Nonnen in der Osternacht aus dem Kloster.

13. Juni 1525
Katharina und Martin Luther verloben sich und schließen am 27. Juni den öffentlichen Kirchgang und die Hochzeitsfeier an.

7. Juni 1526
Johannes (Hans) Luther wird geboren.

1527
Die Pest bricht in Wittenberg aus.

10. Dezember 1527
Elisabeth Luther wird geboren.

3. August 1528
Elisabeth stirbt.

4. Mai 1529
Magdalene (Lenchen) Luther wird geboren.

9. November 1531
Martin Luther wird geboren.

28. Januar 1533
Paul Luther wird geboren.

17. Dezember 1534
Margarete (Maruschel) Luther wird geboren.

1537
Der Gesundheitszustand Luthers ist zeitweise belastend.
Im Schwarzen Kloster ist neben den vielen Gästen, Stu-
denten und Pflegekindern auch die psychisch kranke
Kurfürstin zu pflegen. Die Arbeitslast ist groß.

1539
Erneut bricht die Pest aus. Luthers nehmen noch vier
weitere Waisenkinder auf.

1540

Katharina ist nach einer Fehlgeburt längere Zeit schwer krank. Luther kauft ihr nach der Genesung das Gut Zülsdorf bei Lippendorf. Damit besitzt sie ein Stück Land ihrer Herkunftsfamilie. Im Gegenzug lässt sie für Luther ein großes Sandsteinportal für das Schwarze Kloster bauen.

20. September 1542

Lenchen stirbt mit dreizehn Jahren.

1546

Im Januar reist Luther mit seinen Söhnen nach Eisleben, um einen Streit zu schlichten. Er stirbt dort am 18. Februar. Die letzten Briefe an seine Frau sind erhalten. Die Juristen erkennen das Testament Luthers nicht an und wollen Katharina den Besitz und die Kinder wegnehmen.

November 1546

Der Religionskrieg bricht aus. Katharina flieht mit den Kindern nach Magdeburg.

April 1547

Katharina flieht erneut vor den kaiserlichen Truppen nach Braunschweig. Als sie im Juni zurückkehrt, sind alle ihre Äcker, der Teich und die Gärten verwüstet.

1549–1551

Hans studiert in Königsberg Jura. Auf Wunsch seiner Mutter kehrt er nach Wittenberg zurück. Er heiratet später die Tochter von Katharinas verstorbener Freundin Elisabeth Cruciger.

1552

Im Sommer bricht erneut die Pest aus. Katharina bleibt erst in Wittenberg und pflegt die Kranken. Als sich jedoch im eigenen Haus die Todesfälle häufen, flieht sie mit den Kindern im September nach Torgau. Kurz vor Torgau rutscht die Kutsche in einen Wassergraben und zertrümmert Katharinas Hüfte. Ihre Tochter Maruschel pflegt sie.

20. Dezember 1552

Katharina stirbt in Torgau und wird in der Marienkirche beigesetzt.

Verwendete Literatur

Bornkamm, Karin (Hrsg.), „Martin Luther – Briefe", Band 6, Frankfurt 1995.

Brecht, Martin (Hrsg.), „Martin Luther", Band 4, Stuttgart 1986.

Herrmann, Bernd (Hrsg.), „Mensch und Umwelt im Mittelalter", Stuttgart 1986.

Klepper, Jochen, „Die Flucht der Katharina von Bora", aus Tagebuchaufzeichnungen und Manuskripten (Hrsg. Pagel, Karl), Stuttgart 1951.

Kühne, Harry (Hrsg.), „Alltag im Spätmittelalter", Graz-Wien-Köln 1984.

Schmidt-König, Fritz, „Käthe Luther", Lahr-Dinglingen 6. Aufl., 1983.

Eleonore Dehnerdt

Die
Sängerin

Anna Magdalena Bach

304 Seiten, Taschenbuch
ISBN 978-3-7655-4108-7

Lange Zeit stand sie im Schatten des großen Meisters: Anna Magdalena, die Ehefrau von Johann Sebastian Bach. Dabei stammte sie selbst aus einer angesehenen Musikerfamilie und war eine der ersten ausgebildeten Meistersängerinnen, die eine gute Stellung am Fürstenhof in Köthen innehatte. Nach ihrer Eheschließung mit Johann Sebastian stand sie dem großen, stets unruhigen Haushalt des Thomaskantors vor. Das pulsierende Leipzig mit seinen Kaufleuten, Kaffeehäusern und Konzerten wurde zu ihrer Heimat.

**LChoice App
kostenlos laden,**
dann Code scannen
und ganz einfach
beim Buchhändler
Ihrer Wahl bestellen

BRUNNEN VERLAG GIESSEN
www.brunnen-verlag.de